ちくま新書

ユダヤ教 キリスト教 イスラーム

――一神教の連環を解く

1048

菊地章太
Kikuchi Noritaka

ユダヤ教　キリスト教　イスラーム
——一神教の連環を解く

【目次】

本書で言及される都市・地域

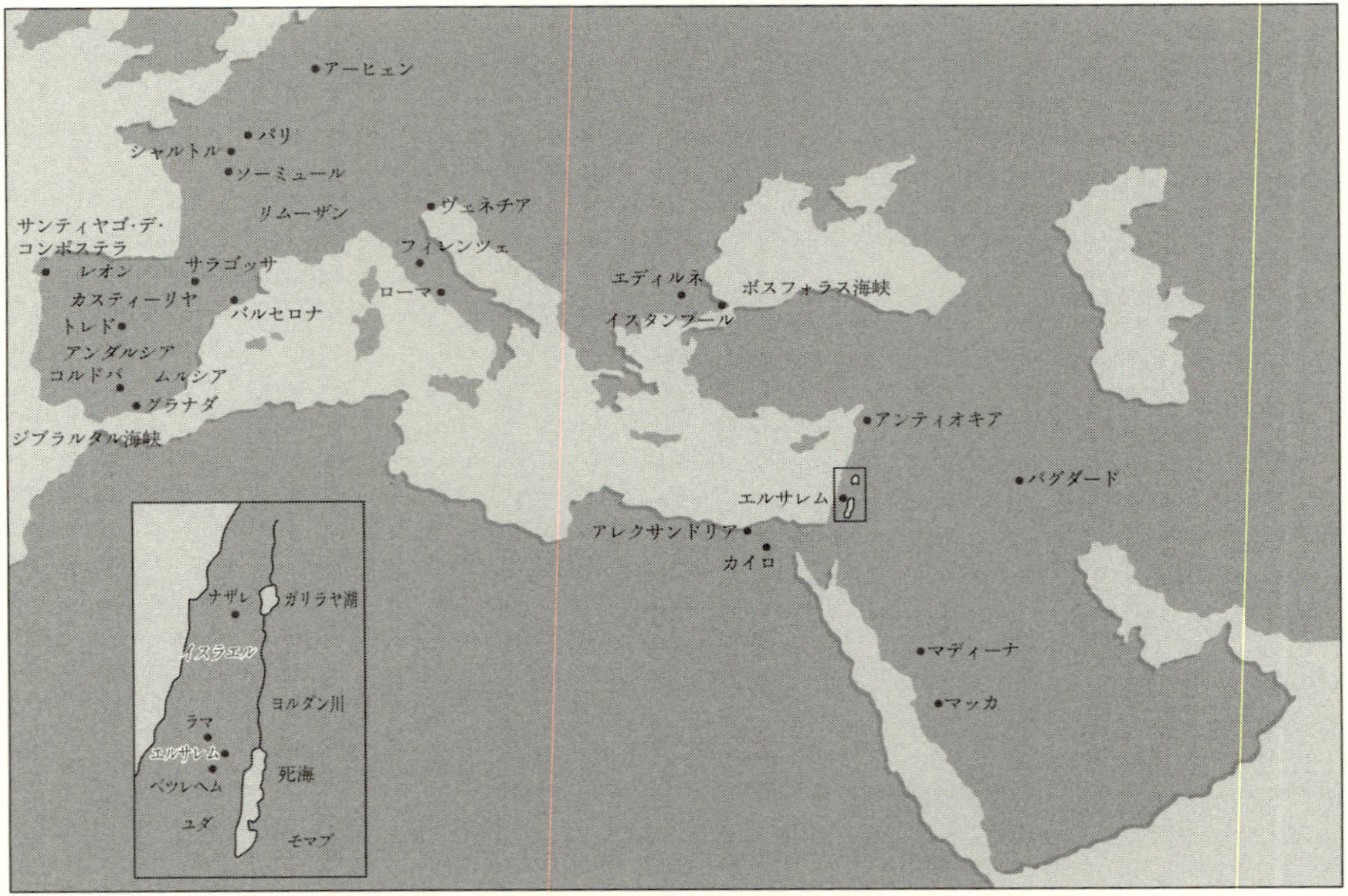

はじめに——ただひとりの神から

ただひとりの神がいた。

そして今、それぞれの神がいる。

ユダヤ教にもキリスト教にもイスラームにもそれぞれの神がいる。それぞれ「ただひとりの神」を持つ宗教である。だがもとをたどれば、それは別々の神ではなかった。同じひとりの神だった。それが「それぞれの神」になったとき、地球の表面が変わった。

ただひとりの自分たちの神を崇める。自分たちの神以外に神はいない。いるとすれば、それはいつわりの神でしかない。ここから「不寛容」がはじまる。こうした一神教に特有の闇の部分が今や世界を覆っている。「聖戦」はいつまでくりかえされるのか。

しかし闇があるところにはかならず光もある。

ただひとりの神は絶大な力を持っている。それは恐るべき神である。その前では人は誰も彼も取るに足らない存在でしかない。ここから「平等」という理念が芽ばえた。恐るべき神はまた、赦す神でもある。神に赦された私たちに、なすべき務めが明らかにされる。

ここから「福祉」の実践がはじまっていく。歴史のなかで「寛容」に満ちた社会を実現させてきたのも一神教世界においてだった。ここにあげたいくつかのキーワードが、今も社会をささえる理念でありつづけている。現代社会にあたえた影響という点では、一神教の役割はやはり巨大ではないか。

それにしても寛容と不寛容ではまったく矛盾している。聖戦によって征服した土地で福祉社会を築く。いったいどうなっているのか。だが現実の歴史においてはそのいずれもがあり得たのだ。私たちにはあまりなじみがないが、社会のあらゆる層に福祉を行きわたらせてきた点でイスラームは卓越している。キリスト教の福祉事業に優るとも劣らない。大いなる極端が一神教には内在している。

ニーチェはキリスト教のなかに奴隷の復讐の匂いをかぎとった。支配する高貴な人間に対して、支配される卑賤な人間が怨恨を抱く。それがキリスト教の根源にあるという。身も蓋もない話だが、じつはキリスト教だけでなく一神教全体の本質にかかわってもいる。

一神教は奴隷の宗教だったのか。「みじめな者だけが善き者」となる。それがユダヤ民族なのだとニーチェは語る。おとしめられ、しいたげられた民だった。イスラームにいたっては、イスラームという言葉そのものが「絶対服従」を意味している。アッラーの前で何もかも捨てて無条件にしたがう。全面降伏の教えに他ならない。

ただひとつのものを信じる。それだけにすがる。そういう心のありようは私たちにもないわけではない。しかしその対象の前で、ひたすらひれ伏して恐れおののくしかない、とはどんなことなのか。それほどまでに卑屈だった教えが、なぜ世界中に広まったのか。

一神教には理解不能なところがあまりに多い。そもそも時をたがえ所をたがえた他人が考えたことである。異質なものであって当然である。異質な宗教、その背景にある異質な文化を理解するのがどれほど困難なことか、まずは感じてみたい。異文化理解というのはおそらくその先にある。

キリスト教にかかわることならば私たちにも多少はなじみがあろう。そのみなもとにあるユダヤ教にさかのぼってみれば、もっとはっきり見えてくるものがきっとある。そこから枝分かれしたイスラームも視野に入れれば、キリスト教だけで考えるよりも、はるかに大きな広がりのなかで把握できることもありそうだ。またそれぞれの違いも際立つと思う。そのうえで、三者がなぜ、たがいに相容れないものになったのかを考える手がかりも得られるのではないか。

第一章

聖戦がはじまる

——根絶やしという宗教行為

†ひとりの神を信じるところ

一神教という宗教形態が成立したのは、宗教史のうえではきわめて突発的でしかも変則的な状況においてだった。にもかかわらずその突発的変則的一神教が、なぜ世界の諸宗教をしのぐまでに発展したのか。

二〇一一年の国連白書によれば世界の人口は七十億を突破した。アメリカの調査機関による宗教別人口調査では、キリスト教の信者がもっとも多くて二十二億、イスラームがそれについで十六億だという。ふたつあわせて三十八億。地球上の人口の半分以上である。人類のふたりにひとりは一神教徒ということになる（山我哲雄『一神教の起源』筑摩選書、二〇一三年）。

ユダヤ人は世界で千五百万人いる。そのすべてがユダヤ教徒とは限らないし、ユダヤ人以外でユダヤ教を信仰する人もいる。両者を差し引きしたところで数字はそう大きくは変わらない。キリスト教やイスラームの比ではない。しかし両者はともにユダヤ教から出てきた。言うならば結晶の核である。これなしに現在の一神教徒の数はあり得ない。

ユダヤ民族は古代にはイスラエルの名で呼ばれていた。オリエント世界のなかではいたって弱小の民族だった。彼らが居住していたのは地中海の東側のわずかな土地である。周辺にエジプトやアッシリアやペルシアという大帝国があいついで起こった。やがてローマ帝国が地中海にのぞむすべての地域を支配した。ユダヤ民族の土地も呑みこまれてしまう。イエスが生まれた時代にはすでにそうなっていた。

イエスが生まれた二千年前、ただひとりの神を信仰する宗教というのは、世界中さがしてもめったになかった。というよりは、ユダヤ民族のところにしかなかった。しかも厳密な一神教が成立したのは、ユダヤ民族の歴史のなかでもかなり遅い時期とされる。「厳密」という言葉をどのレベルで用いるかによっては、イスラームの成立まで待たねばならない。一神教の純粋なかたちはイスラームにおいて実現した。絶対的一神教はイスラームによって完成する。こうした理解は宗教史の研究のなかでは古くからある。

いずれにしても、古代において一神教はきわめてまれな存在だった。それが今や地球の半分を覆っている。なぜそうなったのか。

そもそも「ただひとりの神」を信じるところから何が生まれるのか。

†神々を投影する世界

ひとりの神を信じるところから平等が生まれる。

この世界に神がひとりしかいないとすれば、それは万能の神であるはずだ。神々の数が多ければ分担がきく。縁結びの神さま、学問の神さま、商売の神さま、呪いを請け負ってくれる神さま等々。しかし、ただひとりしかいなければ、そのすべてに通じる必要がある。神は全知であり全能とならざるを得ない。

神々がいてそれぞれに仕事を分担しているなら、その能力もさまざまであってよい。速攻の神もいれば、煮え切らない神もいる。女性の願いをかなえる神もいれば、男の子に甘い女神もいる。能力だけではない。風貌もそれぞれである。美人の神もいれば、ぶおとこの神もいる。ギリシア神話の美の女神アフロディテの亭主は世界一醜悪な神ヘーパイストスである。人間の世界でもよくある話だ。

神々はあたかも人間のごとくである。人間との距離などないかのごとくである。全知全能の神がひとりだとそうはいかない。人間との距離は隔絶してしまう。

人間には個人的にも社会的にもいろいろな違いがある。性が違う。肌の色が違う。能力が違う。身分が違う。それは本人にとっては大きなことである。それひとつで一生悩みつづけることもある。努力で変えられることはあるが、変えられないこともある。「あなたは髪の毛一本すら白くも黒くもできない」と聖書にあるくらいだ。

唯一の神にはスペアがない。それは無限の存在となるしかない。言うまでもなく人間は有限である。金持ちだからといって何百歳も生きられるわけではない。貧乏人の何十倍も生きられるわけではない。

全知全能で無限の存在である神の前では、人はちっぽけな存在でしかない。私たちはさまざまな違いに悔しがったり、劣等感を抱いたりするが、私たちを圧倒する者の前には所詮はたいした違いはないことになる。神の隔絶する偉大さの前には、それはあまりに小さな差でしかない。誰も彼も取るに足らない存在でしかない。

ここから平等という観念が生まれてくる。

ギリシアの神々、前5世紀、ルーヴル美術館

神さまがたくさんいると、こういう考えは生まれにくい。
神々に差があれば、人間にも差があって当然ということになる。というよりは、人間に差があることを当然とする社会があるから、神々にそれが投影されているのである。神々は差別を肯定する。

†契約によって結ばれる

神々の世界についてもう少し考えてみたい。

山や木のような自然が神になる。狐や熊のような動物が神になる。一族の始祖、郷土の英雄も神になる。それは目に見える存在である。あるいは目の届く場所に存在するものである。どれも具体的な姿かたちを持っている。先祖を崇めるときは血のつながった肉親がその似姿になる。抽象的な観念さえも具体的な姿にかたどることができる。ギリシア神話の女神ニケは、ギリシア語で「勝利」を意味するが、その姿は翼をそなえた凜々《りり》しい女性である。

私たちを取り巻く自然はさまざまな恵みをもたらす。しかしどこでもそうだとは限らない。人々の日常をおびやかす苛酷な自然もある。あるいは普段はおだやかな自然が、時として恐るべき猛威となって襲いかかることもある。目に見える世界の背後に、目に見えない何かがひそんでいる。そうした不可視の力を可視の形象にとどめようとする意志が働く。そのとき神々が具体的な姿を持つにいたる。理解を超えたままの存在では近寄ることもできない。不可視の抽象などというものを普通は神として崇めたりはしない。

多神教は世界中のさまざまな場所で生まれた。ある程度の規模の人間集団が、ひとつのまとまりを持った神々の集団を崇拝する。そこでは地理的な範囲は限定されている。ギリシアの神々はギリシア民族によって崇拝された。ローマ時代にギリシアの神々が名を変えて崇拝され、いくつかはその周辺にも伝わったが、そこまでである。ローマが滅んだ後はその崇拝もとだえた。それと対照的に、一神教は西アジアのきわめて狭い場所で生まれ、時代や地域を越えて広範囲に伝わった。

神々は民族宗教の崇拝対象である。民族の神々は全知全能どころのさわぎではない。欠点だらけで、しかも品がない。人間が欠点だらけで品がないのだからそれも当然だろう。全知全能などというあり得ないものは誰も考えない。唯一絶対という非現実的な観念はどこからも現れようがない。

ユダヤ教の神をヤハウェという。もともとイスラエル民族の神ではなかった。現在ではそのように理解されている。おたがいまったくの赤の他人だったのである。それが契約によって結びついた。血のつながらないよそ者同士である。契約以外に結びつく手段がない。

神と人とが契約によって結びつくというのは一神教に特有の考え方である。他ではおよそ考えられない。血のつながりという温《ぬく》い関係を断ち切ったところからしか出てこない発想である。その関係を断ったがゆえに、全知全能、唯一絶対、不可視の抽象となり得たのである。

†蜜よりも甘いもの

人が神と契約を結ぶ。どうも私たちにはしっくり来ない。われらが東アジア定住型ムラ社会では、他人との関係は「わかりあえる」ことが基本である（と私たちは根拠もなしに信じている）。わかりあえる関係なのだから、契約などという他人行儀なものを持ち出すのは野暮である。おたがいを条件づけねばならないのは信頼がない証拠である。

しかし西アジアの人々はそうは考えないだろう。都市という生活の場を地球上でもっとも早く成立させた地域である。その周囲に農耕社会があり牧畜社会がある。そこに暮らす人はさまざまである。民族が異なる。言語が異なる。習慣が異なる。考え方が異なる。そこには他人同士が「わかりあえる」という幻想はない。そうしたなかで、おたがいの信頼を築きあうために契約をかわす。契約は信頼への第一歩である。

神と人とが契約を結ぶ。神は人に律法を示す。人は律法を遵守する。そこに救いが約束される。——これまた理解しにくいところだ。禁止命令がどしどしくだされては身動きできないではないか。どこに救いがあるのかと思ってしまうが、そうではない。

イスラエルの神はモーセに十戒を告げた。旧約聖書「出《しゅつ》エジプト記」が記すその第一条に、「あなたは私の他に何ものをも神としてはならない」とある（二〇・三）。邦訳聖書は命令形で訳しているが、原文であるヘブライ語の動詞には完了形と未完了形しかない。ここは後者である。未完了形はまだ完了していない状態だから、願望や可能性も含まれる。本来の意味は「私の他に何ものをも神とすることはあり得まい」となる。

神がイスラエル民族を選んだのである。選ばれたからには他の神を頼ることなどできないはずだ。ここでは契約にもとづく信頼とおたがいの意志が前提になっている。これが律法をささえる精神である。

旧約聖書「詩篇《しへん》」の最初の詩は、神にしたがう者の幸いを歌う（一・一〜二）。

「幸いである。悪しき者のはかりごとにしたがって歩まず、罪ある者の道に立たず、神をあざける者とともに座らず、主の律法を喜び、昼も夜も律法を口ずさむ人」

ここに「律法」とあるが、邦訳聖書の多くは「教え」と訳している。もとの言葉はトーラーすなわち律法である。名詞トーラーは「矢を放つ」という動詞から派生した。それは神が正しい方向を示すために放つ矢である。荒野で迷っている人に進むべき道が示される。それは喜ばしいことである。だから昼も夜も口ずさむのである。「詩篇」は歌う（一九・八）。「主の律法は完全であり、魂を生き返らせる」と。それは「蜜よりも、蜂の巣のしたたりよりも甘い」のだと。

神はこの世に正しいものがあることを示す。それは裁きというかたちで行なわれる。「主の裁きは真実であり、ことごとく正しい」という（一九・一〇）。神は悪を裁き、悪しき者を滅ぼす。神の義はそのように実行され、歴史のなかに実現される。人の義も同様でである。それは実行され、実現されるべきものである。

†信仰のみにあらず

十六世紀に宗教改革をはじめたルターは「信仰のみ」による救いを主張した。ルターはその根拠を聖書に求めた。新約聖書の「ローマの人々への手紙」と「ガラテアの人々への手紙」のなかに、それをあかしするパウロの思想が現れているとした。

パウロはユダヤ人である。はじめはキリスト教を迫害していたが、復活のイエスに出会って改宗し、ユダヤ人社会を超えてその教えを広めた。彼の残した多くの手紙が新約聖書のひとつの中心になっている。いくつかは福音書に先立って書かれた。「ガラテアの人々への手紙」がもっとも早い成立とされる。ポイントになる文章を『聖書 新共同訳』(日本聖書協会、一九八七年)は次のように訳している(二・一六)。「人は律法の実行ではなく、ただイエス・キリストへの信仰によって義とされると知って、わたしたちもキリスト・イエスを信じました」

このなかの「イエス・キリストへの信仰」という箇所について、最近何人かの聖書学者から異なる訳が提出された。いずれも「イエス・キリストの信」と訳されている。「信」の原語はギリシア語のピスティスである。「信じること」を意味する。問題はキリストとのつながりである。キリストの、「信じること」なのか、それともキリストへの、「信じること」なのか。

原文には所属を示す属格が用いられている。したがって「キリストの信」と訳すべきである。カトリック教会が規範とするラテン語訳のヴルガータでもそう訳されている。カトリックの国々における現代語訳も同様である。

ルターが聖書をドイツ語に訳したとき、「イエス・キリストへの信仰」とした。そして邦訳聖書の大多数がこのルター訳にしたがって訳されてきた。「ローマの人々への手紙」においても同じように「イエス・キリストへの信仰」と訳されている（三・二二）。「イエス・キリストの信」はキリスト自身が信を抱くことである。「イエス・キリストへの信仰」は人がキリストに対して信を抱くことである。主体が異なっている。キリストが抱く信によって私たちが義とされるのであり、義はキリストの側から私たちにあたえられている。これに対し、私たちの信仰によって私たちが義とされる、というのはルターの思想である。

ルターがあえてそのように訳したのは、もちろんそれなりの意味がある。「信仰のみ」による救いという主張がここからはじまる。そこに宗教改革の歴史的な意義があることは言うまでもない。ただ、ルター自身は行為の可能性を排除しなかったとしても、行為によらず信仰のみという方向へ局限されてしまうならば、それは観念的に過ぎはしないか。

ここでユダヤ教やイスラームに目を向けてみればよくわかる。行為をともなわない信仰というのは、理念から言っても現実から見てもそこにはない。このことは本書のなかで少しずつたどっていきたいと思う。

†イスラームは宗教ではない?

ところで、なぜイスラームだけはイスラーム教と呼ばないのか。

その理由はいくつもある。イスラームという言葉の意味は「絶対服従」である。実質はアッラーに無条件にしたがう教えをさしている。そこにすでに「教」の理念が含まれることになる。だからイスラーム教とは言わない。そう説明されている。

イスラームは宗教であるばかりでなく、生活のすみずみにまで浸透し、法や政治をも包括するシステムとして機能している。したがって「教」という言葉の枠には収まりきらない。そのような説明もされている。

イスラームは理念として聖と俗を分離していない。それとは対照的に、キリスト教は聖俗を分離させて使い分けてきた。したがって社会を構成するさまざまな要素のなかから、キリスト教だけを取り出して問題にすることが可能である。キリスト教社会と言われる場においてさえ、キリスト教をそこから独立させることができる。いくつも存在する文化事象のひとつとしてキリスト教がある。私たちはそういう限定した範囲において、つまり「宗教」という括《くく》りのなかでキリスト教を位置づけてきた。

たとえば、キリスト教社会では教会法と独立したところに世俗社会の法がある。ヨーロッパの古い大学には神学部とならんで教会法学部があり、別のセクションに法学部がある。しかしイスラーム世界では、イスラーム法がそのままイスラーム社会の法である。

キリスト教は宗教である、と言うけれども、イスラームは宗教である、とは言いきれない。そこからはみ出すものがあまりにも多い。ひとつの社会から宗教だけを取り出して、何々教という言い方で括りきることができない。だからイスラームと言う以外にないのである。かえってイスラーム社会やイスラーム世界という言い方は許容されている。

聖俗分離しなかったイスラーム世界は近代化に乗り遅れ、聖俗分離をとげたキリスト教世界は近代化をなしとげることができた、などと言われる。そうかもしれない。ただし、信仰による救いを人々が共有するという、宗教にとってもっとも大事な実践と引き替えにであった。

ここでついでに、イスラームにかかわる他の用語についても触れておきたい。

マホメットかムハンマドか、コーランかクルアーンか。どちらで呼ぶべきなのか。

マホメットとコーランは、イスラームを信仰しない人の呼び方である。ヨーロッパの言葉でそう発音していたのを、日本人もそれにならっていた。筆者もその世代である。

ムハンマドとクルアーンは、イスラームを信仰する人の呼び方である。アラビア語の音そのままではないが、現在は日本でもこちらが尊重されている。筆者の勤める大学で学生たちに聞いてみたら、マホメット?と首をかしげられた。歴史の教科書ではすでにムハンマドでありクルアーンである。

ただ、いまだマッカはメッカ、マディーナはメディナのままである。アラビア語の母音にはエとオの音はないので、やはり正しい音に近い方を尊重すべきだと思う(ムハンマドの最後のドには母音は含まれていない)。中国人の名前は今も日本語読みだが、韓国人の名前は韓国語の読み方が普通になった。少しずつ変わっていくのである。

†砂漠の宗教でもない

ただひとりの神、ひとりきりの神、ひとりぼっちの神を求める。それはどんなときか。

そこには現代に生きる私たちにも無関係でない局面がある。

これひとつにつながっている。これしかつながるものがない。そういう状況に立たされている。他から切り捨てられ、ひとりきりになった自分が、ただひとりの神を求める。孤独な人間だからこそ普遍の存在を求める。おぞましい現実を突きぬけるものに思いを致さずにはいられないのである。

イスラエル民族の建てた国は異民族に滅ぼされた。住民の多くが異教徒の土地に強制移住させられた。ヤハウェの神殿はもはやない。かつて神殿のあったエルサレムから隔絶されたところに彼らはいた。そのとき彼らは絶対普遍の神を求めた。

ユダヤ人であるパウロはエルサレム教会を追われた。そこから分かれてアンティオキア教会を頼った。しかしやがてアンティオキアからも離れざるを得なくなる。そうした孤独のなかでユダヤ教と訣別する普遍の神を求めた。そのときキリスト教が完全に独立できたのである。

ムハンマドはマッカの町を逃れた。故郷の町で迫害されたあげくマディーナに移住した。氏族共同体の後ろ盾はまったく失われた。地縁にも血縁にも頼れなくなったそのとき、普遍の神にすがりついた。このマディーナ移住がイスラームの出発点となる。彼のもとに集まったのは、共同体からはみだしてオアシス都市マディーナに流入してきた人々だった。

イスラームは都市の宗教である。砂漠の宗教ではない。

アラビア半島は乾燥地域である。砂漠もひろがっている。だが草木も生えないところに人は住まない。遊牧民が移動をくりかえしているが、その絶対数はわずかでしかない。新しい宗教がはじまるエネルギーはそこには潜在しない（後藤明『メッカ』中公新書、一九九一年）。これはユダヤ教にもキリスト教にもあてはまる。三つの一神教を砂漠や遊牧民と結びつけてもそこから何もはじまらない。私たちはそうした固定観念から解放されたい。

一神教は都市民の宗教である。氏族の崩壊、おのが立ち位置の喪失、血縁共同体からの絶縁。そこに一神教が成り立つ契機がある。

血のつながりという集団の幻想を捨て、一族の血とつながった神々を否定したからこそ、普遍的な宗教になり得た。世界宗教に展開することができたのである。

†太陽神は唯一神か

一神教はきわめて特殊な歴史的状況のなかから生まれた。今日私たちは一神教を多神教とならべて対立概念のように理解しているが、一神教の成立は宗教の異常事態と呼んでいいほど孤立した現象である。

古代のイスラエル民族は天地創造の神話を語り出した。その創造の四日目に天体がつくられたとする。旧約聖書冒頭の「創世記《そうせいき》」に言う（一・一六～一八）。

「神はふたつの大きな光るものをつくられた。そのうちの大きな光に昼をつかさどらせ、小さな光に夜をつかさどらせた。また星をつくり、これらのものを天の大空に置かれた。地を照らし、昼と夜を治め、光と闇を分けるためであった」

太陽も月も星もひとりの神が創造したという。ところで、オリエント世界では太陽をはじめとする天体が古くから神々として崇められていた。特にエジプトでは太陽神崇拝がさかんに行なわれていた。しかし聖書のなかでそれは徹底的に否定される。太陽といえども神によってつくられた被造物にすぎない。ここではあえて「太陽」という言葉も用いられていない。

「詩篇」は創造主をたたえて歌う（一九・一）。「もろもろの天は神の栄光を語り、大空は御手のわざを告げる」と。いくつかの邦訳聖書ではただ「天」とあるが、ここは「もろもろの天」の意味である。太陽もそのうちのひとつである。天体がこぞって神を讃美する。「語り」とあるとおり、声に出して創造主を称えている。

太陽さえも創造する神が登場した。それはすでに太陽神崇拝があるところに、太陽神崇拝に遅れて、太陽神崇拝を凌駕するものとして出てきた。それは新しい信仰であった。

自然界における最高の存在が太陽だとしても、依然として天にあるもののひとつでしかない。ほかに比べられるものがある。したがって最高神にはなり得ても、唯一神にはなり

エジプトの太陽神、前13世紀、アマルナ出土

得ない。その太陽さえも越えるものがあるとすれば、それはもはや比べられるものを持たない。比較を絶した高度に抽象的な存在である。ここに唯一絶対なるものが現れ出る可能性が生じる。

古代エジプトで太陽神崇拝が異様に高揚した時期があった。紀元前十四世紀にひとりの王が既存の神々をすべてしりぞけて太陽神のみの崇拝を行なわせた。神々をまつる神官団の脅威に対する大断行であった。これを歴史上最初の一神教と考える人は少なくない。イスラエル民族がその崇拝を受け継いだという説さえある。フロイトの遺著『人間モーセと一神教』はそれを主張したものである。しかし太陽神がいかに強大であっても、具体的な対象であるかぎり抽象的絶対的な神格の崇拝にはいたらない。それは最高神唯一崇拝教とでも呼ぶべきものであって、一神教の前段階でしかない。

それでもなおエジプトの太陽神崇拝は偉大な先例であった。これがユダヤにおける一神教成立のひとつの契機であったことはまちがいない。ただし受け継いだのではない。そのはるか上を行こうとしたのである。

唯一神は絶対的な抽象である。抽象的だからこそ絶対の存在になることができる。具体的であるかぎり相対の存在でしかない。イスラームはこの認識を徹底させている。偶像崇拝を激しく否定する理由もここにある。

†異教の神々との戦い

ただひとりの神を崇めるということは、他の神々は崇めないということである。一神教の信仰は多神教の否定の上にしか成り立たない。

唯一神をいだくイスラエル民族がカナンで直面したのは、そこにはびこる土着神の崇拝であった。とりわけ強力だったのは豊穣の神バアルである。それは偶像として崇拝されており、したがって顔を持つ神である。季節や収穫の神話を有する民族の神であった。土地に根づいた神だけあって、他の神との習合も容易である。イスラエル民族はこうした神々の誘惑を受けつづけた。ヤハウェの信仰はつねにおびやかされた。旧約の預言者たちはそのたびに警告を発してきたのである。

マッカのカアバ神殿にはムハンマドの時代まで数多くの神像がまつられていた。マッカ巡礼はイスラームの成立する以前からさかんに行なわれていた。マッカの征服をはたしたムハンマドは、まずはじめにカアバ神殿にまつられていた神像をことごとく破壊した。そ

サン・ミシェル・デギール教会、12世紀、ル・ピュイ

のうえで異教の時代が終わったことを高らかに宣言したのである。

しかし何もかも払拭できたかというとそんなことはなかった。クルアーンにはジンという精霊の存在が説かれている。アラブ世界にかつて存在した魔物や悪霊のたぐいは一切否定され、すべてジンが姿を変えたものということになった。クルアーンはアッラーがムハンマドにくだした啓示として理解されている。そこにジンの名があるということは、アッラーがその存在を認めたことになる。結局はアラブ世界に跋扈《ばっこ》していた異教の神々はジンに統合されることで、あいかわらず棲息しつづけることになったのである。

ヨーロッパにキリスト教が伝わると、先々でケルトやゲルマンの神々の神殿が破壊され、そこに教会が建てられた。かつて異教徒が彼らの聖地に詣でたように、新しくできた教会にキリスト教徒が詣でるようになる。マッカ巡礼がムハンマドの前にも後にもありつづけたのと変わりがない。

カトリックでは聖母崇拝と聖者崇拝がさかんである。もちろん聖母も聖者も神ではない。

神に祈ることを教会ラテン語でアドラティオという。礼拝と訳される。聖母や聖者には神へのとりなしを願って祈るのである。聖母や聖者に祈ることはヴェネラティオという。崇敬と訳される。神学の上では厳密に区別されている。しかし信者はどちらにも同じように祈っている。

カレンダーや手帳を見ると日ごとに聖者の名が書いてある。たいていはその日に殉教した聖者である。生まれた子どもの洗礼名はここからとる。町には守護聖者がおり、職業ごとに守護聖者がいる。そこは多神教の国々である。

一神教は多神教世界に戦いをいどみつづけながら、多神教にまみれていった。

†しいたげられたものの救い

一神教は奴隷の宗教である。そのことは本書の冒頭で述べた。それは差別され抑圧された者たちの教えである。彼らが行動を起こすときは闘争というかたちを取らざるを得ない。奴隷状態からの脱出は平和的手段によっては遂行しがたい。一神教と戦争が切っても切れない関係にあるのは、出発点からしてそうだった。一神教が奴隷の宗教であることと戦争の宗教であることは連動している（岸田秀『一神教VS多神教』新書館、二〇〇二年）。

しいたげられた民の屈辱が原点にある。それを投影した一神教の神は、異常なまでに復讐心が強い。シナイ山に雷鳴がとどろき、全山激震するなかでヤハウェはモーセに十戒を告げた。「出エジプト記」に記された最初の言葉は次のとおりである（二〇・二）。

「私はおまえをエジプトの地、奴隷の家から導き出したおまえの神、主である」

神はモーセに釘をさす。自分は「妬《ねた》む神」だと。自分をないがしろにしたらどうなるか。「その父の罪を子に報いて、三代にも四代にもおよぼす」というのだ（二〇・五）。パウロも「ローマの人々への手紙」に述べている（一二・一九）。「主は仰せになる。「復讐は私のすることである。私が報復する」」

普遍の神のもとでは、全世界が普遍的に支配されるという幻想も生まれる。血のつながりを切り捨ててまで他者と契約をかわした民である。彼らには引き返せる場がない。その求心力は途方もなく強靭である。結束は戦いの場においてこそ最高度に発揮される。

普遍幻想を抱く人間は一元論でしかものが考えられない。他者を許容することができない。彼らが抱く観念の典型が「正義」である。これほど厄介なものはないのだが、まわりを見ればそこらじゅうにはびこっている。その大御所はアメリカ合衆国である。

正義をふりかざすのは周囲にとって傍《はた》迷惑だが、本人もつらいに決まっている。アメリカがタリバン掃蕩のためアフガニスタンに兵力を投入していたころ、当事国の一年間の税収は十六億ドルと言われていた。アメリカの対テロ戦争の経費は年間一千億ドルだそうだ。それはアメリカ国民の税金でまかなわれている。金額だけの問題ではないが。

アメリカはテロの被害者だという。被害者は正義をかかげる。彼らの行動の背後には頑迷で冷徹な意志がひそんでいる。どんな報復も肯定される。相手を破壊し尽くし、根絶しきるまで攻撃はやむことがない。

†神の道のために戦え

ジハードという言葉はすっかり有名になった。聖戦という訳語も定着している。辞書を見れば、「神聖な目的のための戦争」などと書いてある。

しかし私たちの理解はそうではない。無差別テロ攻撃。これを「聖なる」戦いと呼ぶやつらがいる。そんなふうに逆説的な意味で捉えている。

こうした思い込みとまったく対照的なのが、イスラームに親しい人たちの意見である。ジハード、イコール戦争ではない。本当の意味は「信仰のために努力すること」だという。それはそのとおりだが、努力することの中身はさまざまである。ジハードがただちに戦争ではないとしても、戦争は確実にそのなかにふくまれている。それはジハードという思想が生まれてきた歴史を見れば明らかである。
信仰のために努力する。アッラーへの信仰をともにする共同体を築く。差別のない社会をめざす。しかし世のなかはかならずしも理想的な方向にばかりは進まない。それをさまたげるものが現実に存在する。平和な世界の建設を阻止しようとする者に対して、断固たる態度でのぞまざるを得ないときがある。これはもちろん大きな矛盾である。それでもあえてクルアーンは言う(二・一九〇)。

「神の道のために、おまえたちに敵対する者と戦え」

迫害する者がいたら、迫害がやむまで戦えという。ただし彼らが戦いをやめたなら、もはや敵意を抱くなと説かれる。相手が戦いをしかけてこない限り戦ってはならない。だが戦いをしかけてきたらどうするのか。クルアーンは言う(二・一九一)。「もしも彼らが戦いをしかけるならば、彼らを殺せ。不信者の報いはこうなるのだ」
ムハンマドはアッラーのお告げをマッカの町に広めよう奮闘としたが、迫害されてマディーナに逃れた。イスラームを信仰する者をムスリムと呼ぶ。やがてムハンマドのひきいるムスリムの集団とマッカの軍勢とのあいだに戦いがはじまる。最初の激突はマディーナ南西のバドルの地で行なわれ、三百人あまりのムスリム軍が七百人のマッカ軍に圧勝した。六二四年のことであった。

迫害に対する報復はアッラーによって許されている。戦いをいどむ者に対する戦闘行為も当然のこととして許される。クルアーンは言う（二二・三九〜四〇）。「不当な目にあった者が相手に挑みかかるのは神によって許されている。ただ「われらの主はアッラーである」と言ったというそれだけの理由で故郷から追い出されたのだから」

†戦争という現実から

バドルの戦いの翌六二五年、マッカ軍は三千の兵を集めて復讐戦をいどんできた。マディーナの北、ウフドの地でムスリム軍七百が応戦したが犠牲者が続出した。マッカ軍も疲弊のあまり撤退せざるを得なかった。ムハンマドはこの戦いを神の試練とわきまえた。そしてこれ以降、アッラーの信仰に敵対する者へのジハードを意識するようになる。

ムハンマドは力説する。戦いを恐れてはならない。ムスリムはひたすら神に頼るがよい。アッラーは守護してくださる。クルアーンは言う（三・一二四）。「主が三千の天使を遣わし、おまえたちの援軍となしたもう」

死を恐れてはならない。ジハードで命を落とした者は、かならずや神のみもとに召され

「ウフドの戦いの死者」パリ国立図書館

るのだ。そこで神の恵みにあずかることができる。クルアーンは言う（三・一六九）。

「神の道のために殺された者を、決して死んだと思ってはならぬ。否、彼らは主のみもとで十分に養っていただきながら生きているのだ」

戦争は世界史の現実である。イスラームといえば決まって一夫多妻制が連想されるが、それがはじまった背景には、戦争のたびに寡婦と孤児があふれていくその現実があった。

ウフドの戦いで七百人のムスリムのなかから七十四人の戦死者が出た。この数は重要である。大規模な戦死者の数ではない。しかしかえって、ひとりひとりの顔が見えていたろう。決して一様でない遺族の事情に応じた手当てに、ムハンマドも心をくだかねばならなかったはずである。クルアーンは言う（四・三）。

「あなたがたがもし孤児に対して公平にしてやれそうにないならば、あなたがたがよいと思う二人、三人または四人の女をめとるがよい。だが公平にしてやれそうにないならば一人だけだ」

寡婦となり孤児となった者たちの救済は、当時の社会では至難だったにちがいない。戦後の収拾のためにくだされたそのときの啓示が、後世にいたるまでムスリムの日常生活を律するものとなった。ただし、先ほどの引用にあるように、複数の妻をめとるには条件があった。原則は一夫一婦である。

†滅ぼし尽くす教え

ジハードにあたる言葉は聖書にはない。聖戦という訳語も邦訳の聖書には出てこない。しかし「聖なる戦い」という意味でならば、むしろおびただしいほど出てくる。

神のため、神が選んだ民のため、神が彼らに約束した土地のために戦う。これにあらがう一切の敵を絶滅させるために戦う。これは神が命じたもうたことである。

モーセにひきいられてエジプトを脱出したイスラエルの民は、約束の地をめざしてヨルダン川東岸を通過しようとした。そこはアモリ人の王シホンが支配する土地であった。モーセは王に使者をつかわし、その領地を通過させてほしいと願った。王に宛てた嘆願書が旧約聖書「民数記《みんすうき》」に記されている（二一・二二）。「私にあなたの国を通らせてください。私たちは畑にも葡萄畑にも入りません。井戸の水も飲みません。あなたの領地を通り過ぎるまで、私たちは王の大路を通ります」

同じ文書が旧約聖書「申命記《しんめいき》」にもある。街道を粛々《しゅくしゅく》と進ませてほしいという。右にも左にも曲がらず、徒歩で通らせてくれるだけでよい。そうすれば「私たちの神、主があたえてくださる土地に」行くことができるのだという（二・二九）。

ところがシホンはこれを拒んだ。それどころかイスラエルを撃つためにアモリ人を出動させた。イスラエルの神はこれを知って「心をかたくなに」した。シホン王とその民をイスラエルの手に渡すことを決意した。すべての民を打ち破らせることにした。王の支配する町をことごとく占領させた。「すべての町の男と女と子どもを滅ぼし尽くし、ひとりも残さなかった」と記されている（二・三四）。

滅ぼし尽くすのである。この行為をヘレムと呼ぶ。本来は神に「ささげる」ことを意味する。古くは「聖絶《せいぜつ》」と訳された。敵側のすべての人間とその所有物の一切をことごとく滅ぼす。それがすなわち神に一切をささげることになる。例外なく滅ぼさねばならない。根絶やしが求められている。戦闘員だけではない。女子《おんなこ》どもといえど例外があってはならない。これを守らないのはかえって神への冒瀆にあたる。

まったく徹底したものだ。絶滅戦争は宗教行為にほかならない。人間の理性や感情の入りこむ隙間などどこにもない。

十戒に「殺してはならない」とある。それは神に敵対する者には適用されないのだ。

†すべては神へささげるため

聖絶はイスラエル民族の伝統であった。これと同じ原理にもとづくのが全焼のいけにえである。祭壇に供えるいけにえを焼き尽くすのである。「燔祭《はんさい》」と訳される。「昇る」ことを意味するヘブライ語がもとになっている。犠牲にする動物を丸焼きにする。その煙が天に昇っていく。こうして神に対するまったき献身を示すのである。この祭儀はきわめて古い時代から行なわれてきた。

ノアの方舟の話を思い出してみたい。人類の堕落にいきどおった神が、全地に大洪水をもたらした。ノアとその家族、そして方舟に乗せたひとつがいの動物たちをのぞいて、地に生きるものはすべて死に絶えた。四十日四十夜の後に水はひいた。方舟から降りたノアは、ただちに祭壇をしつらえた。いけにえの動物をその上で焼き尽くして神にささげた（『創世記』八・二〇）。主はこれをよみしたもうた。

いけにえを焼き尽くす。ささげた者の食用にはしない。ことごとく神にささげるのである。この燔祭という言葉のギリシア語訳ホロカウトーマからホロコーストという言葉が出た。徹底殺戮の意味で用いられ、特にナチスによるユダヤ人虐殺をさすようになった。

聖絶と燔祭はひとつのことである。敵を完全に滅ぼし尽くす。いけにえを完全に焼き尽くす。いずれも神への捧げ物である。いささかも余すところがあってはならない。

「申命記」は主なる神と、神によって選ばれた民との契約の書である。聖書の最初にある五つの書を「モーセ五書」と呼んでいる。その五番目にあたる。ユダヤ教ではこの五書をトーラーすなわち律法の書として聖書のなかでも特別に重んじてきた。イスラームでも同じ神から啓示された書（これを「啓典」と呼ぶ）として読まれてきた。

そのなかに戦争についての規定がある。イスラエルの民が遵守すべき律法である。

神の敵に向かって出陣するとき、相手がどれほどの軍勢であろうと恐れるなという。なぜなら、イスラエルの民をエジプトの地から救い出された神がともにおられるからである。戦いにのぞんで祭司に告げさせた。これは神の言葉である（二〇・二～四）。

「イスラエルよ、聞け。あなたたちは今日、敵との戦いに臨む。弱気になるな。恐れるな。うろたえるな。おののくな。あなたたちの神、主がともに進み、あなたたちのために敵と戦い、勝利をさずけてくださるからである」

兵士のなかにおじけづくような臆病者がいたら家へ帰らせよとある。同志の心がくじけないためである。「息のある者はひとりも生かしておくな」と厳命されたのである。主なる神の命令は貫徹されねばならない。「申命記」に言う（二〇・一三）。「あなたの神、主がその町をあなたの手に渡されるとき、その町の男は残らず剣で打ち殺せ」

あなたの神、主はすさまじい神である。

†無差別攻撃こそ使命

神の絶滅命令はとどまるところがない。

イスラエルの民がエジプトを脱出したあと、彼らに最初に危害を加えたのはアマレク人だった。エジプト国境からシナイ半島にかけて暮らす遊牧民である。「申命記」には、「あなたがエジプトを出たとき、その旅路でアマレクがあなたに行なったことを思い起こせ」とある（二五・一七）。彼らはイスラエルの民を背後から襲撃した。そこには飢えに弱りはて、集団に遅れそうになっていた同胞が大勢いたのである。このときの怒りは忘れようもない。神は命じた（二五・一九）。「アマレクの記憶を天の下から消し去らなければならぬ」

天の下から消し去れとは、アマレク人が地上に存在した痕跡すら残すなということである。殲滅の命令である。はたしてこの命令は二百年後に遂行された。イスラエル王国初代の王サウルが最初に討伐したのがアマレク人である。王は二十万からなる部隊に呼びかけた。旧約聖書「サムエル記」に言う（上一五・二～三）。「万軍の主は仰せられる。「私はアマレクがイスラエルにした仕打ちに対し罰をあたえる。彼らはイスラエルがエジプトからのぼって来たとき、これに敵対したのだ。行け。アマレクを討って、そのすべてのものを滅ぼし尽くせ。彼らを許すな。男も女も、子どもも乳飲み子も、牛も羊も、ラクダもロバも打ち殺せ」」

乳飲み子まで……。無差別攻撃こそ神の御旨《みむね》にかなった行為である。サウルは主の命令にしたがい、その民のすべてを「剣の刃にかけ、奉納物として滅ぼし尽くした」という（一五・八）。まさにいけにえである。その討伐範囲はエジプトに面した地にまでおよんだ。次のダビデ王の時代にも掃蕩を加えた。さらにその三百年後、ヒゼキヤ王が残党を壊滅させ、ついに天の下から消し去ったのである。

これが唯一の神のもとに行なわれる聖なる戦いである。この異常なまでの復讐心と攻撃性に満ちた神の姿には、民族の心性が投影されている。イスラエルの兵が神の守護のもとにシナイ半島に侵攻する。これは現在のパレスチナ紛争と相似形をなしている。

ユダヤ教はそうかもしれない。しかしキリスト教はちがうのではないか。「敵を愛し、自分を迫害する者のために祈れ」と教えている。しかし同じ新約聖書「マタイによる福音書」のなかで、イエスはこうも言った(一〇・三四)。

「私は平和ではなく剣をもたらすために来たのだ」

旧約聖書に「許すな」「絶滅せよ」と書いてある。だからといって、ユダヤ教徒が実行したことの規模は知れている。新約聖書にそんな文字はない。だからといって、キリスト教徒が残虐な戦争をしなかったなどとは言えない。彼らが歴史のなかに刻んできた絶滅行為の痕跡を文字に書き記したなら、世界もその書物を収めきれないであろう。

これが一神教なのかと言われるかもしれない。そのとおりである。これが一神教である。そして次の章からたどっていくことも、それもまた一神教である。

第二章

福祉がはじまる

——預言者はみなし子だった

†落ち穂を拾う女

ミレーの「落ち穂拾い」の絵がある。

フランスの農村の夕方の情景を描いたものである。

大農場で小麦の収穫が終わろうとしている。刈り入れのすんだ畑には、麦の穂がまばらに落ちている。これを拾って自分の糧にすることは小作人に許されていた。それにしても一日のはげしい労働の後である。家族のために少しでも足しにしたい。小作の女たちがくたびれた腰をかがめながら、落ちている麦の穂を拾い集めている。それはどこにでも見られた農村の情景であったろう。

この絵の背後には、旧約聖書の「ルツ記」の物語がある。

めったにない嫁と姑の話である。

ユダのベツレヘムの町にナオミという女性がいた。結婚してふたりの子をもうけた。ユダの地が飢饉におそわれたため、夫婦は死海の東のモアブの地へと移り住んだ。夫は新しい土地で働きすぎたためか病気で死んでしまった。ナオミは幼いふたりの息子をかかえて働いた。母と息子たちはモアブの人々に信頼されたのだろう。近くの村からそれぞれに嫁をむかえた。ところがふたりの息子もあいついで死んでしまった。

年をとったナオミはすっかり気を落とし、故郷へ帰りたいと思うようになった。ナオミはふたりの嫁を大事にしていたが、モアブ人である嫁たちを無理にベツレヘムへ連れていくのはしのびない。そのことをふたりに話したところ、兄の嫁はこの地にとどまることにした。ところが弟の嫁のルツは、お母さんと離れたくないと言い出した。お母さんが亡くなるところに自分も葬られたい。……ナオミはルツをベツレヘムへともなった。

ルツは知らない人ばかりのなかで、義理の母を食べさせていくために、畑仕事の雇われ人となって働いた。そうして麦刈りの終わったあとの畑で落ち穂を拾い、それを粉にしてパンを焼いた。ユダの国では、収穫後の畑に落ちた麦の穂を拾うことは、貧しい人の権利として認められていたのである。

ナオミの夫にはボアズという名のいとこがいた。ゆたかな身の上であったが、妻を亡くしてひさしい。このボアズがルツに好意を寄せていることを知ったナオミは、けなげなルツのためにもふたりがいっしょになることを願った。やがてふたりは結ばれ、ナオミもボアズの家に迎えられた。苦しいことばかりだったナオミの生涯も、

ミレー「落ち穂拾い」1857年、オルセー美術館

こうしてむくわれた。ナオミは目を閉じる前に、ルツの産んだ孫をその腕に抱くことができた。

†イスラエル社会の掟

ミレーの絵は聖書の物語を描いた宗教画ではない。農村の情景を描いた絵である。しかし、生活の根底にキリスト教があって、聖書の物語になじみある人々は、この絵のなかにルツの姿をかさねあわせることができるにちがいない。

画家もそれを意識していたであろう。ミレーには「刈り入れ人の休憩」という絵がある。農作業のあいまに小作人たちがくつろいでいる。そこへ落ち穂をかかえた新入りの女を導きいれる男の姿がある。この絵は「ルツとボアズ」という題でも呼ばれている。

イスラエルの民はおもに農耕をいとなんだ。先祖は牧畜にたずさわっていたと考えられている。ラクダを使って砂漠で交易を行なう遊牧民とは異なり、農村の周辺で羊や山羊を飼育してきた。カナンに定着したあとは、生活基盤を牧畜から農耕へと変化させた。日本にも見られるような段々畑《テラス》がつくられるようになる。家畜の飼育はそのままつづけられたが、それに加えて小麦と葡萄とオリーブの栽培がさかんに行なわれた。

人々の生活は農業と深いかかわりをもったのである。土地を所有する者はゆたかになっていく。貧富の差も生まれる。イスラエルの神ヤハウェと人々とのあいだで結ばれた契約のなかには、農業と直接かかわっているものが多く見られる。たとえば旧約聖書「レビ記」に次のようにある（一九・九〜一〇）。

ミレー「刈り入れ人の休憩」1853年、ボストン美術館

「土地の刈り入れをするとき、畑の隅まで刈り尽くしてはならない。刈り入れの落ち穂を拾ってはならない。葡萄畑の実を取り尽くしてはならない。葡萄畑に落ちた実を拾ってはならない。貧しい者や他国からの移民のために、それらを残しておかなければならない」

畑の落ち穂は残しておくべきものだった。これは「申命記」にもくりかえし説かれている。それは「他国からの移民と孤児と寡婦」のためだという（二四・一九）。ルツも移民であり寡婦であった。イスラエルではルツのような境遇にある者が、社会によって守られていたのである。

貧しい者、外国移民、孤児、寡婦に手厚くすることはイスラエル社会の掟であった。なぜなら、イスラエルの民がかつてそうであったのだから。「申命記」は命じる（二四・二二）。「あなたがエジプトの地で奴隷であったことを思い起こせ」

†かつての思いをしのぶ

オリエント世界一帯を襲った飢饉をのがれ、イスラエルの民はエジプトに移住した。居留は長期にわたり、いつしかイスラエルの民は奴隷の身分に落とされていた。モーセは苛酷な労働にあえぐ民族をひきいてエジプトを脱出する。目の前は海、うしろからエジプトの軍隊が追ってくる。モーセは海を割って人々を渡らせた。エジプトの軍隊は波に呑まれて海のもくずと消えた。それからモーセはシナイ山に登り、神ヤハウェから十戒をさずかる。イスラエルの民は四十年ものあいだ荒野をさまよった末に、「乳と蜜の流れる」約束の地にたどり着くことができた。

これが旧約聖書に記されたイスラエル民族の出エジプトの物語である。その集団は壮年男子六十万、それに家族と家畜をひきつれていたという。しかしこれほどの規模の大移動が歴史上にあったことは、現在の研究においては認められていない。

わずか数十人程度の逃亡奴隷であったかもしれない。それは記録にも残らないほど小規模なものだったろう。しかし後のイスラエル民族は、これを自分たちの先祖が経験した歴史として理解した。そしておそらくは偶然の成功にすぎなかった逃避行も、神の大いなる業《わざ》のあらわれとして記憶に刻みつけられたのである。

今もユダヤ人が行なう大きな祭のうち、ふたつがこの物語にかかわっている。ひとつは仮庵祭《かりいおさい》である。スコートと呼ばれる。チスリの月（第七月）の第十五日から一週間行なわれる。十月初旬にあたる。屋外に木の枝で仮庵をつくり、そこで暮らすのである。もとは刈り入れのあいだ畑に小屋を建てた農事にさかのぼるという。それがのちに、エジプトを逃れたイスラエルの民が荒れ野で天幕生活をつづけたときの苦労をしのぶ祭となった。主がモーセに告げられた言葉が「レビ記」に記されている（二三・四三）。「これは私がイスラエルの民をエジプトの地から導き出したとき、彼らを仮庵に住まわせたことを、あなたたちの代々の子孫に知らせるためである」

今ではアパートのベランダなどに小屋をしつらえる。天井ごしに夜空が見えるような粗末な小屋に寝泊まりするのだが、これはユダヤ人社会がこぞって祝う楽しい祭なのである。「申命記」（一六・一四）が命じるとおり、そのときには家族はもとより、移民も孤児も寡婦も、そして奴隷もみな分けへだてなく過ごすのである。

†苦しみのパンを

もうひとつは過越祭《すぎこしさい》である。ペサハと呼ばれる。ニサンの月（第一月）の第十四日から一週間行なわれる。四月初旬にあたる。

これも出エジプトの物語に由来する。イスラエル人の帰還を認めさせるため、主がエジプトの地のすべての初子《ういご》の命を奪った。そのときイスラエルの民は小羊をほふり、その血を戸口につけておいた。死もそこだけは「過ぎ越して」いったのだった。

過越祭の日にはマッツァというパンを食べる。酵母《イースト》を入れず小麦粉だけで焼いた粗いパンである。「申命記」はそれを「酵母を入れないパン、すなわち苦しみのパン」と呼んでいる（一六・三）。エジプトを脱出するとき、酵母を持ち出す余裕がなかった。そのためカナンの地に着くまでのあいだ、粗いパンを食べつづけたのである。今もユダヤ人はそのパンを食べ、過越祭のたびごとに思いめぐらす。彼らの先祖が三千年も昔に砂漠を越えていった逃亡の旅についてである。それは「世にある日のあいだ、エジプトの地から出てきた日を覚えておくため」であった（一六・三）。

これももとをたどれば、収穫の時期に酵母を用いなかったカナンの習慣にさかのぼるとされる。それがかつて苦しみのなかにあった民族の過去に結びついている。そして今このとき、苦しみのなかにある人々へのいたわりにつながっていくのである。ユダヤ人が過越祭のときに朗読する「ハガダー・シェル・ペサハ」すなわち過越祭の物語に言う（小河信一『聖書の時を生きる』教文館、一九九八年。文章を一部改めた）。

「これは私たちの先祖がエジプトで食べた苦しみのパンである。飢えに苦しんでいるすべての人を招き入れ、食べさせよ。困窮しているすべての人を来させ、過越祭を祝わせよ。今年、私たちはここにいるが、来年はイスラエルの地で祝おう。今年、私たちは奴隷の身となっているが、来年は自由の身となるように」

シャガール「過越祭」1931年、国立マルク・シャガール美術館

†商売と宗教のあいだ

ユダヤの祭は民族の苦難の日々を思い出すためにある。だがそれだけではない。今もつづく同胞の苦難を支えあうためにある。このことが現代のユダヤ人社会において、福祉事業を展開

させていく大きな基盤となっている。

ゲットーという言葉がある。今ではスラム街の意味で使われており、そこにユダヤ人が暮らしているとは限らない。しかし、かつてはユダヤ人を隔離した地区をこう呼んでいた。周囲を高い壁で囲うことが多かった。十六世紀のはじめ、ヴェネツィアの鋳造所跡に強制移住地がもうけられた。その土地の名ジェット・ヌオヴォがゲットーの語源だという説明もある。

律法による食物規定を厳守するユダヤ人にしてみれば、自分たちの居住区域を一箇所に集中させることは、かならずしも不都合ではない。これは近世以前から存続しており、キリスト教世界だけでなく、イスラーム世界にも見られた。そのなかで彼らの自治組織が形成され、学校教育が普及し、相互扶助が実践されてきた。そのことも見逃せない。ただ、それがのちに部外者による強引な分離政策へと転換していったのである。

ゲットーに隔離されたユダヤ人は、土地を所有することが許されない。したがって農民として暮らすことはできなかった。製造人の組合であるギルドへの加盟も認められなかった。製造業に従事することも不可能である。古着屋や古物商、仕立屋や靴職人、教師や楽士、行商人や金貸しをいとなむほかなかった。

商売や金融業に従事したため、と言うよりは、それに従事するほかなかったため、商取引に関する規定が精力的に整えられた。商売や金融業を恥ずべきものとする風潮は、キリスト教社会のなかに根強くある。しかし正しい商売で得られた利益を恥じる必要などない。しかもそれは貧しい同胞に組織的に配分されるのである。困窮している人を助けること、すなわち慈善は、ユダヤ人にとって社会的であるだけでなく宗教的な義務であった。

商売と宗教のあいだに隙間がない。この考え方はイスラーム社会にも受け継がれていく。これはのちほどたどってみたい。

†流れをもたらす湖

慈善というのは心が動いたとき、恵まれない人に施すものだろう。だがユダヤ人はそのようには考えない。自分で稼いだお金であっても、それは社会に属するものだと考える。共同体から受けた恩恵に報いることは、彼らにとって神から命じられた務めなのである。日本に長く滞在したことのあるアメリカ人ラビ（ユダヤ教の教師）のマーヴィン・トケイヤー氏が、こんな譬えを用いている（加瀬英明訳『ユダヤ商法』日本経営合理化協会出版局、二〇〇〇年）。

イスラエルにはふたつの湖がある。ガリラヤ湖と死海である。ガリラヤ湖は魚がたくさん獲れる。形はグロテスクだが味のよい「聖ペトロの魚」というのが最近は名物になっている。岸辺には木がおいしげり、鳥がさえずっている。かたや死海は、地表でもっとも低いところにある湖として知られ、塩分が濃くて生き物は住むことができない。まわりには草木も生えない。だから昔の人は死の海と名づけたのだろう。

ガリラヤ湖にはヨルダン川から水が流れこむ。水はまたヨルダン川へと流れ出して、死海へと注いでいる。死海からは流れ出るところがない。流れを受け入れ、また流れをたたえる湖はいつも生き生きしている。かたや、流れを溜めこむだけのところは寄りつくものとてない。人の世も同じである。分かちあおうとする者のまわりにはたくさん集まってくるのだという。

ユダヤ人の社会にはどの共同体にも献金箱がある。それぞれの所得に応じて献金され、必要に応じて分配される。同胞に衣類が届けられる。教育費がまかなわれる。結婚の持参金が贈られる。どんなに貧しい家でも過越祭のごちそうの心配はいらない。こうして世間から迫害を受けつづけながらも、彼らはまとまりを失わないでこられたのである。トケイヤー氏はこんなタルムードの言葉を記している。タルムードはユダヤ教の口伝の教えを集大成した書物である。

「恵まれない者のために流される涙は、神がもっとも貴重な宝を納める庫《くら》のなかにしまわれる」

ユダヤ教における福祉の精神はイスラームに受け継がれた。イスラームこそは地上における福祉事業をもっとも成功したかたちで実現し得た宗教である。近世のキリスト教における福祉事業の多くは、イスラームにおいて発展したそれを継承したものである。今日、私たちが知っている福祉の直接のみなもとはキリスト教にあるが、それはイスラームの遺産にほかならず、その原点はここでたどったユダヤ教の福祉の精神にあった。

次にイスラームの福祉について考えてみたい。旧約聖書のアブラハムの物語からそれははじまる。イスラエル民族の父である。まだアブラムと呼ばれていたころの話である。

†神は聞かれる

アブラムには子がなかった。跡継ぎができないことを嘆くと、主なる神は彼を満天の星空のもとへ連れ出して言った。おまえの子孫はこの星空のようになるであろうと。

ところが妻のサライはすでに高齢である。子どものできない体であった。サライにはハガルというエジプト人の女の奴隷がいた。サライは彼女を自分の夫にすすめた。女の奴隷を代理母にするのは、子孫をたやさぬための当時の習慣だった。

ハガルは身ごもった。すると自分の主人であるサライを軽んじるようになる。主人は主人で奴隷をいじめる。ハガルはいたたまれず、サライのもとから逃げ出した。荒れ野の泉のほとりまで来たとき、神の使いが現れた。

神の使いはハガルに、もどって主人につかえるようにさとした。そして生まれてくる男の子をイシュマエルと名づけよと命じた。ヘブライ語で「神は聞かれる」という意味である。主はハガルの苦しみを聞かれたのだ。そして言った。私はおまえの子孫を数えることができないほど増やしてやろうと。

やがて男の子が生まれる。イシュマエルはすくすくと育っていった。

アブラムにふたたび主なる神が現れ、その名をアブラハムに変えよと命じた。そして彼が子孫を増やして諸国の民の父となることを告げた。妻の名もサラに変え、諸国の民の母となるだろうと告げたのである。

やがてサラは身ごもり、男の子を産んだ。アブラハムは子をイサクと名づけた。そして神に命じられたとおり、子に割礼《かつれい》をほどこした。

割礼は性器の包皮を切除する儀式である。神がアブラハムに命じた契約のしるしであった。もとは多産のためのまじないとも言われ、オリエント世界では広く行なわれていた。ただしバビロニアにはこの習慣がなく、イスラエル民族がここに移住させられたとき、他民族と分かつうえで重要なしるしとなった。この習慣はユダヤ教からキリスト教が独立するときに排除されたが、イスラームにはそのまま受け継がれたのである。

†母の腕にもたれる子

ある日のこと、ハガルの子イシュマエルが、サラの子イサクをからかった。旧約聖書の原文には「笑った」とある。「あざ笑う」と訳せば強すぎる。どうせ幼児のたわむれだろうが、サラは内心おだやかではない。この奴隷の子を追い出してくれとアブラハムにせまった。

アブラハムは翌朝はやく起きて、水を入れた革袋とパンをハガルに持たせ、子を背負わせて家から出した。

母と子はわずかばかりの水で命をつなぎながら、荒れ野をさまよった。西洋人が描いた子どものための聖書の挿絵がある。水の尽きた瓶がころがっている。母はぐったりした子を肩に乗せ、とぼとぼ歩いている。向こうに灌木がひとむれあるばかりで、見わたすかぎり何もない。

アンヌ・デ・フリース『子どものための聖書』1964年

ハガルはイシュマエルを灌木のもとにおろした。わが子の命の尽きるのを見るのがたえられない。遠くに離れていった。子のいるところをふりかえったとき、ひとりきりになったわが子が大声をあげて泣いた。そのとき、その声が神の耳に届いた。神の使いが現れて、ハガルに語った。「創世記」に言う（二一・一七〜一八）。

「ハガルよ、どうしたのか。恐れてはいけない。神はあそこにいる子の泣き声を聞かれたのだ。立って行きなさい。子を抱き起こし、あなたの腕で抱きしめてやりなさい。私はあの子を大いなる国の民にしよう」

シャガールの版画がある。聖書のための画集の一場面である。母は幸せうすいわが子を抱きしめる。子は母の腕にじっともたれている。天使はそのさまを見とどけ、安堵して飛び去っていくところである。

神はハガルの目を開かせた。彼女は水のある井戸を見つけた。見えなかったものが見えたのだ。神は恵みをあたえたのである。ハガルは革袋に水を満たし、イシュマエルに飲ませた。それからも神はこの子を見守りつづけた。子は成長し、荒れ野に住んで、弓を射る者となった。その姿は「野生のロバのよう」だったという。遊牧の民として暮らしたのであろう。

やがて母の国エジプトから妻をめとり、十二人の子を残した。これがアラブ十二部族につながっていく。北アラブの民はここから分かれ出たと考えられるようになる。

†選ばれざる者の末裔

ムハンマドの先祖は旧約聖書に出てくるアブラハムとイシュマエルの親子だという。のちのイスラームの伝承ではそのように理解されている。

シャガール「荒れ野のハガル」『聖書画集』1960年

アッラーはマッカのカアバ神殿を人々のつどう場と定めた。クルアーンは命じる（二・一二五）。「アブラハムの立った所を祈りの場とせよ」と。そしてアブラハムはイシュマエルとともに神殿の礎石をすえた。父と子はみずからアッラーに帰依する者（これをアラビア語でムスリムという）となることを願い、その子孫がアッラーに帰依する共同体（ウンマという）となることを願った。アッラーはアブラハム親子と契約を結び、ふたりを神殿につかえる者としたのである。

クルアーンは絶対服従（これをイスラームという）の教えを「アブラハムの宗教」と呼んでいる。一神教の信仰をつらぬいた「正しい教え」の人（二・一三五）としてアブラハムを尊んだのである。

ただ、クルアーンに書かれていることからすれば、かならずしもムハンマドが自分をアブラハムの血筋と考えていたわけではなさそうだ。

ムハンマドの最初の伝記である『預言者伝』がイブン・ヒシャームによって編纂された（後藤明、医王秀行、高田康一、高野太輔訳『預言者ムハンマド伝』全四冊、岩波書店、二〇一〇〜一二年。引用にあたり文章を一部改める）。ここでもやはりイスラームを「イシュマエルの宗教」と呼んでいる（三・一〇）。そればかりではない。『預言者伝』は次のようにはじまる（一・二）。「私はこの本の最初に、神の使徒の直系の父祖であるイシュマエル・ブン・アブラハムとその子孫について述べる」

「神の使徒」とはムハンマドのこと。「ブン」はイブンの省略形で、誰それの「息子」という意味である。ビン・ラーディンのビンも同じ。ヘブライ語ならベンである。ここでは「アブラハムの息子イシュマエル」を意味する。あたかも新約聖書「マタイによる福音書」の冒頭にイエスの系図が示されているように、神の使徒であるムハンマドの代々の系図が語られていく。

ユダヤ教もキリスト教も「アブラハムの宗教」から出発している。それはイスラームも同じである。ユダヤ教は、アブラハムとその子イサク、さらにその子ヤコブから受け継がれている。旧約聖書にしばしば「アブラハム、イサク、ヤコブ」と名をつらねて語られる。

かたやイスラームはイシュマエルから受け継がれている、と人々は理解した。イサクはアブラハムの正妻の子、つまり嫡子であった。イシュマエルは奴隷の子である。嫡子ではない。選ばれた子ではなく、選ばれざる子であった。追放された子であった。

†民族を越えた宗教へ

なぜイスラームの民はムハンマドの先祖を奴隷の子としたのか。

奴隷の子であろうと、アブラハムの子にはちがいない。だが、どんな社会でも、奴隷の子が正妻の子と同列に置かれることなどありえない。なぜそうした境遇の者をおのが先祖に立てたのか。

ムハンマドの先祖は追放されたイシュマエルだという。ここにはイスラームを理解するうえで、大事な問題が含まれていると思う。

ふたつのことが思い当たる。ひとつはイスラームが民族を越えて広まったことに関して、もうひとつは本章のテーマである福祉に関してである。

ユダヤ教は律法に固執し、割礼に固執した、そうすることで、神に選ばれた民としてのアイデンティティを保ちつづけた。二千年にもわたる迫害の歴史のなかで、離散したユダヤ民族がひとつの宗教を持ちつづけたという驚異のみなもとはここにある。

キリスト教は律法に代わる愛を宣言した。そうすることで、選民のための民族宗教という枠を越え、世界宗教として展開する方向を選びとった。

イスラームはユダヤ教にならい、むしろユダヤ教に優るとも劣らぬほど律法を遵守し、割礼にも固執した。それでいて選民という枠を越えた宗教を実現した。その鍵は、ムハンマドが選ばれざる者イシュマエルをおのが先祖としたことに求められる。

むしろ選民にあらざるところに出発点を置いたからこそ、イスラームは開かれたのではないか。選ばれた民の宗教であるということは、閉じているということである。選民の列に入らない民の宗教だからこそ、どんな民族にも広まることができた。アジアでもアフリカでも選民ならざる民族に受け入れられていった。キリスト教とは別の道筋ではあるけれども、そこがイスラエルの宗教との大きな別れ道となったのである。

聖書にも書いてあった。神は奴隷の子を見守りつづけたと。追放の民さえも神は見放さなかった。アブラハムの宗教は奴隷の子のなかにも生きている。かえって奴隷の子から出発したことは、イスラームの矜持《きょうじ》でさえある。

ムハンマドの先祖は選ばれざる者であった。

選ばれざる者、それはムハンマド自身の幼いときの境遇そのままだったのではないか。

親なし子の悲しみ

ムハンマドは孤児だった。

ムハンマドが生まれたとき、父はすでに亡くなっていた。母がみごもったあと、父は商売の旅に出かけ、そのまま帰らぬ人となった。母は寡婦となった。残された乳飲み子は、当時のマッカの習慣にしたがって、砂漠で暮らす遊牧民の乳母のもとにあずけられることになる。

乳母となったのはサアド族のハリーマという女性である。『預言者伝』にはこの乳母の語ったことが記されている(五・一〇〜一一)。

ハリーマは夫と、まだ乳飲み子だった自分の子をつれて、一族の者たちといっしょにマッカにやって来た。それは干魃の年のことだった。老いた牝《めす》のラクダのほかには持ち物とてない。ラクダはやせおとろえて一滴の乳も出さなかった。ハリーマも自分の赤ん坊におなかいっぱい飲ませるだけの母乳が出ない。おなかを減らせて赤ん坊は泣きつづけるばかり。マッカの商人の子の乳母となって、謝礼をもらうことだけがたのみだった。

サアド族の女たちは乳を飲ませる赤ん坊を物色した。そのなかに孤児がいることを知るや、みなが口をそろえた。「孤児ですって。その子の母親やじいさんに何ができるっていうの！」……父親のいない子では十分な謝礼など期待できない。誰もが乳母になるのを断った。

ハリーマひとりはあずかる赤ん坊を見つけられないでいた。から手で帰るわけにもいかない。孤児でもいいからあずかることにした。夫は言った。「しかたないな。この子のために神さまがお恵みをくださるかもしれんぞ」

ハリーマが赤ん坊に胸を吸わせると、今まで出なかった乳が、赤ん坊の欲しがるままに出てきた。赤ん坊はおなかいっぱいになるまで乳を飲んだ。自分の子もおなかいっぱい飲んだ。そうしてふたりはすやすやと寝入った。夫がラクダの世話をしに行くと、やせていた乳房がいっぱいに張っているではないか。夫が乳をしぼり、ハリーマは存分に飲むことができた。

翌朝になって夫は言った。「ハリーマ、おまえは祝福された命をあずかったんだ」

やがて乳母の手を離れたムハンマドは、マッカにもどされ、母とその親族のもとで育てられた。ハガルとイシュマエルのように、母とふたりで暮らした。
しかしムハンマドが六歳のとき母が亡くなった。

†のけものにされてきた

孤児となった少年は、亡き父の親族に引き取られた。祖父のアブド・アル・ムッタリブが健在であった。祖父には妻がたくさんいたので、孫の数も多かったが、祖父はあわれな孤児をかわいがってくれた。『預言者伝』にこんな話が伝わっている（五・二二）。

カアバ神殿の日陰にはいつもアブド・アル・ムッタリブのために敷物が広げられていた。息子たちは敷物のまわりに坐って、父が来るのを待つのがならいだった。誰もが父を畏れうやまって、敷物の上にすわる者はいない。おさないムハンマドが敷物の上に乗ろうとすると、大人たちはつかまえてどかそうとした。祖父はそれを見とがめた。孫を抱きかかえると、いっしょに敷物の上にすわらせ、背中をなでてやったという。

やさしかった祖父もムハンマドが八歳のとき亡くなった。

今度は父の同母兄であるアブー・ターリブに引き取られた。この伯父も孤児になさけをかけてくれた。ムハンマドは伯父のもとでさまざまな仕事を覚えた。彼の置かれた境遇からすれば、伯父から商売のいろはを教えてもらって商人になる以外に選択肢はなかったろう。これも『預言者伝』に出ている話である（五・三七）。

アブー・ターリブが隊商をひきいてシリアに出かけたときのことである。ムハンマドは伯父と離れるのをいやがった。伯父も不憫に思って、この身寄りのない甥をつれていくことにした。

一行がシリア砂漠に至ったとき、そこに住む隠者が声をかけてきた。それまでもこの隠者のいる近くを通ったことはあったが、声をかけられたことはなかった。その日は食事まで用意しているという。一片の雲が隊商の行く手に日陰をつくっていた。隠者は遠くからそれを見ていたのである。

一行は喜んでもてなしにあずかったが、ムハンマドひとりを荷物のところに置いたままにした。すると隠者はとがめた。もてなしを受けている人々のなかに神のしるしが見出せなかったからである。すぐに人をやって、ムハンマドをみんなのいるところにすわらせたという。

伯父はなにくれとなく面倒を見てくれた。けれど、まわりの人々からすれば、所詮は親なし子である。いつも軽んぜられ、のけものにされてきた。

孤児といえば、日本では両親のいない子（あるいは両親に捨てられた子）のことだが、当時のアラブ社会では、父のいない子は孤児同然である。族長制度のもとでは実父という後ろ盾がいなければ、満足な境遇など得られなかった。

ムハンマドは孤児である。そしてその先祖とされるイシュマエルも、孤児の境遇に落とされた身であった。それを神が見捨てずに助けたのである。

†埋もれていた井戸

マッカのカアバ神殿はイシュマエルの思い出に満ちている。

神殿の礎石がアブラハム親子によって置かれたことは、すでに述べた。イスラームの伝承では、イシュマエルは母ハガルとともにヒジュルに葬られたという。神殿の西北の壁のまえに半円の囲いがある。これがヒジュルである。

神殿の東にはザムザムの井戸もある。祖父のアブド・アル・ムッタリブがヒジュルで横になっていたとき、夢にお告げがあった。お告げにしたがい、埋もれていた井戸をふたたび掘り出した。『預言者伝』に記されたお告げに言う（四・四三）。「その水は決して涸れず、大勢の巡礼の喉をうるおす」と。それは「白い翼のカラスのねぐらのそばに、アリの巣のそばにある」という。白い翼のカラスというのは、白い羽の混じった変種のことで、めったにないものの譬えである。今も巡礼者はザムザムの水を飲み、巡礼の衣を水にひたして故郷へ持ち帰る。亡くなったときにその衣で包んでもらうのだという。

ザムザムは神がイシュマエルに水をあたえた井戸であった。幼いイシュマエルが渇きにあえいだ。母は水を探したが見つからない。サファーの丘に登って、わが子を救ってほしいと神に祈った。さらにマルワの丘に登って神に祈った。そこで神は天使を遣わされた。天使が地面をかかとで踏むと水が出た。母がイシュマエルのもとに駆けよると、子は湧き出た水を手ですくって飲んでいた。これも『預言者伝』に記されている（四・一～二）。

今もマッカを巡礼する者は、サファーの丘とマルワの丘を七回往復する。ハガルが水を求めてさまよった姿にならうのである。サファーの丘は、ここではじめてムハンマドがマッカの人々にイスラームの教えを説いた場所でもある。

†主が救い出してくれる

クルアーンに「朝」と題された章がある。アッラーがマッカでムハンマドにあたえた啓示である。このように語り出される。

「主はおまえを見捨てたもうたのではない」――このときムハンマドは、神にも見捨てられたと思うほどに絶望の淵にいたのだろうか。

「終わりの方が始めよりどれほどよいか」――現世より来世を待ち望めというのである。やはり彼は失意のどん底にいたにちがいない。

アッラーは今にきっとたくさんの恵みをくださるという。アッラーはムハンマドに思い出させた。苦しかった前半生のなかで、どんな逆境にあるときも決して見捨てたりしなかったことを。そのうえで、ムハンマドにこう語りかけたのである（九三・六～一一）。

「アッラーは、みなし子だったおまえを見つけて、かばってくださったではないか。
道に迷っていたおまえを見つけて、手をひいてくださったではないか。
貧しかったおまえを見つけて、富ませてくださったではないか。
よいか、みなし子をいじめてはならぬ。
物乞いする者を追い払ってはならぬ。
アッラーの恵みを、いつもみんなに話してやるのだ」

クルアーンはアッラーのお告げであるのだが、これはもうムハンマド自身の心の叫びとしか言いようがない。

マッカの町を牛耳っていた商人たちは、親もなく成りあがりの身にすぎない男を締め出し、仲間として扱わなかった。ひとりぼっちだったムハンマド、途方に暮れていたムハンマド、いつもすきっ腹をかかえていたムハンマドを、アッラーは救い出してくれた。だか

「ムハンマドへのお告げ」エディンバラ大学図書館

らこそ、孤児を、迷っている人を、貧しい人を大切にするイスラームの精神が、ここからあふれていくのである。それはムハンマドの生涯のなかからにじみ出た思いだった。

ムハンマドはずっと年上のハディージャと結婚した。そして妻の商才に支えられ、商人としての地位を築いていく。夫婦のあいだには男の子が三人、女の子が四人生まれた。女の子は元気に育った。だが男の子はみな夭折した。ムハンマドはザイドという名の少年を養子にむかえる。ザイドは妻ハディージャの叔母に買われ、婚礼の祝いとしてムハンマド夫婦に贈られ、そして夫婦によって解放されたのである。

根無し草の宗教

マッカの人々の大多数はムハンマドの教えを受け入れなかった。それどころか彼をののしり迫害した。西暦六二二年、ムハンマドはマッカを捨ててマディーナに移住した。これをヒジュラと呼んでいる。聖遷と訳される。この時をもってイスラームの紀元元年とする。彼らの暦はここからはじまる。西暦が用いられることはない。今年、西暦二〇一三年は十一月五日からイスラーム暦一四三五年にあたる。

なぜ、これほどヒジュラが重要なのか。

ヒジュラというアラビア語のもとの意味は「絆《きずな》を断つ」ことだという。マディーナのムハンマドのもとに集まった人々は、部族の絆を断ち切ったのである。血縁によらないまったく新しい共同体、すなわちウンマの建設をめざしたのである。

古くからつづいてきたアラブの部族社会にあっては、何よりも血縁が大事であった。血縁による連帯が人々のあいだに深く根ざしていた。ムハンマドにしても血縁の保護があったから成長できたのである。しかし結局は、血縁の絆を断ち切っていくしかなくなる。血縁集団と真っ向から対立せざるを得なくなる。それは多大の困難と犠牲を払わねばならないことだった。

そこではあくまでも個人が単位となる。もたれあって暮らすことのできる仲間内とは根本的に異なっている。他人との関係は契約が基本となる。そこにあるのは根無し草の集団である。特定の土地とも血筋ともつながりを持たない人間の寄せ集まりにすぎない。だがそれは土地や血筋などというちっぽけなものを越えている。もっと高く大きなものにつながっている。

いつか訪れる最後の審判の日に、誰もがたったひとりで神の前に立たねばならない。そこでは地縁も血縁もなんの役にも立たないのだ。ムハンマドがめざしたのは、信仰によって結ばれる共同体の建設であった。孤児がないがしろにされることのない社会、寡婦が日のあたるところで生きていける社会、貧乏人がみじめな思いをしないですむ社会の実現を決意した。

マッカという都市で孤独のうちに辛酸をなめつくしたムハンマドは、地縁血縁を超絶した絶対者のみにたよりきったのだ。

イスラームは宗教であるが、宗教だけにとどまらない。ただひとりの神を信じる個々人が、社会事業に参加していくことが求められている。そうして築かれた共同体がイスラームの社会的な実体である。「聖と俗」という分け方はイスラームにはない。聖俗密着している。イスラームをイスラーム教と呼ばない一番大事な理由はやはりここにある。

†父であり母であった

父母にあまえる。そんななつかしい記憶がムハンマドにはない。他人の顔色ばかりうかがってきた。そんなせつない記憶ばかりがよみがえる。だから、いじめられていたり、ひもじそうにしている子を見ると、だまってなどいられなくなる。くりかえすが、クルアーンはアッラーのお告げであるはずなのに、そうした怒りに満ちている。たとえば次のように（八九・一七～一八）。

「とんでもないことだぞ。おまえたちはみなし子を大事にしてやらず、貧しい者に食べさせてあげようともせず、はげましあうこともしないのか」

孤児や貧乏人に手をさしのべてくれるアッラーは、ムハンマドにとって父であり母であった。しいたげる者どもを厳しく罰する怒りの神は、しかしムハンマドには慈愛の神に他ならない。マッカにおける最初期のお告げには、この両極端な神の表情が顕著に現れている。約束された最後の審判の日にかならずその報いがあるという。

怒りの神は次のようである（六九・三〇～三四）。「あの者をつかまえて縛りあげろ。燃えさかる炎のなかにたたきこめ。七十腕尺《ズィラーウ》の鎖でがんじがらめにしろ。あの者は偉大なるアッラーを信じようとしなかった。貧しい者に施しをしようともしなかった！」

慈愛の神は次のようである（五一・一五～一九）。「あの者は園と泉のあるところに住んでよいぞ。アッラーがくださるものをなんでもいただいてよいぞ。（中略）あの者は夜明け前にいつもアッラーにおゆるしを祈っていた。物乞いに来た者、見捨てられていた者にも財産をさいてやっていた」

財産を築くことを否定しない。「清貧」という考え方はない。仕事をして稼ぐことが奨励されている。ただ、そうして財産を築くことができたなら、それは神のめぐみの賜物であるはずだ。だからひとりじめしてはならない。困窮している人のために惜しまず役立てるべきである。そのようにイスラームでは考える。

アッラーのお告げのなかでひときわ高らかに響いてくるのは、人間を超えた絶対的な神の存在である。その圧倒的な力の支配である。その前での取るに足らない私たちの姿である。そんな私たちにさえ命をあたえてくださった神の恩寵である。私たちにできるせめてものことは、神へのひたむきな感謝である。その思いを神への礼拝というかたちで表明しなければならない。弱い者へのいたわりというかたちで表明しなければならない。ここからイスラームにおける福祉の実践がはじまっていく。

第三章

続 福祉がはじまる

——夜明け前のモスクで

†東京のモスクにて

小田急小田原線の代々木上原駅《よよぎうえはら》をおりて、井の頭通りを西へ少し歩くと、イスラームのモスクにたどり着く。ミナレットと呼ばれる高い尖塔が遠くから見えている。

東京ジャーミイと呼ばれる巨大なモスクである。イスタンブールで見かけるような壮麗なドームがそびえ立つ。なかに入れば、アラビア文字が書かれた藍色のタイルが壁をめぐっている。敷きつめられた絨毯の青が涼しい。神戸のパールストリートにあるモスクも、規模は小さいが同じように端正な空間をつくっていた。イスラーム文化がどれほど洗練されたものであるかは、こうしたモスクの建築からも感じられる。

おもてにまわってみた。白い石壁が日に映えている。見あげれば、ところどころに網目の張り出しがある。モスクにいる人に尋ねてみたら、石造りの鳩小屋だという。あとから付け足したものではない。建築の一部として最初から設置してあるそうだ。ヨーロッパの教会でも鳥の巣は見かけるが、あれは鳥がこしらえるのだ。人がこしらえておくものではない。いったい世界の宗教建築も数あれど、鳥の巣箱まで設計図に入れておくのはモスクぐらいだろう。

ユダヤ教の神は世界を創造した。海には魚、空には鳥、地には獣をつくった。最後に自分の姿にかたどって人をつくった。そしてすべての生き物を人の支配にゆだねた。人は鳥や獣にまさる存在である。この考え方はキリスト教にも受け継がれた。

ユダヤ教の神がすなわちイスラームの神でもあるのだが、自然と人間のかかわりについて言えば、アラブの後輩の考え方はイスラエルの先輩たちのそれとは異なっている。神は人もあらゆる生き物もつくりつづけていると考える。そこには後先《あとさき》はない。

イスラームのモスクは人が神に礼拝する場である。そして鳥がねぐらとする場である。

鳩小屋、東京ジャーミイ、東京都渋谷区

こんな言い伝えもある。ムハンマドがマッカからマディーナに逃れるとき、荒れ野の洞窟に隠れた。そのとき蜘蛛が入口に巣をかけて、追っ手の目をあざむいた。鳩が入口に巣をこしらえたともいう。今もカアバ神殿の上を飛びかっているのは、ムハンマドの命を助けた鳩の子孫たちだそうだ。

†モスクは喜捨される

ジャーミイは「集会」を意味する。マスジド・ジャーミイを略してこう呼ぶ。マスジドはモスクのこと。「ぬ

スレイマニエ・モスク、16世紀、イスタンブール（オズトルコ『ワクフ その伝統と作品』2010年）

かづくところ」が原義だという。礼拝する場所を意味する。金曜日の正午にイマームと呼ばれるイスラーム指導者による説教があり、そのあと集団で礼拝が行なわれる。その場所をマスジド・ジャーミイ、すなわち「集会のモスク」と呼んだ。

　イスラームはやがてイベリア半島に伝わる。マスジドはスペイン語でメスキータ。それがフランス語でモスケになり、英語に入ってモスクになった。

　そこはアッラーへの礼拝という、イスラームの信仰にとってもっとも大事な施設である。だがそればかりではない。地域の共同体の中心であり、複合的な公共施設でもある。

　そこは近隣の子どもたちがアラビア語とクルアーンを学びに来る初等教育の場であった。マドラサと呼ばれる学校が十一世紀に登場するまでは高等教育もになわれていた。そこは裁判所としても用いられた。イスラーム法の規定によって裁判官が公判の場所を自由に設定できるためである。裁判官をはじめとする重要な公職の任命もここで行なわれた。そこは交流や休息の場として市民に開かれている。旅行者が寝泊まりすることもできた。人が集まる場所であるから、周囲には門前町のように商業施設が充実する。広大な営利施設を管理するモスクもあり、公庫が置かれたところもある。

ムスリムにとって信仰と生活の中心であるモスクは、人々の喜捨によってつくられた。イスラームにはキリスト教のような教会組織がない。すべてのモスクは独立した存在として運営が維持されてきた。イスラーム圏の拡大にともないムスリム人口が増加すると、都市にはいくつものモスクが建設されるようになる。

近代国家が成立すると、モスクは国家によって一括管理されることになる。役所がモスクの維持管理を担うようになる。そこで働く人は国から給料を支給される一種の公務員となった。しかし国家の統制を受けない私的なままのモスクも少なくない。そこは自治的な共同体によって運営されている。かつても今も、相互扶助をめざす場でありつづけている。

†信仰のあかしとして

神の前で義とされるのは「信仰のみ」によってであるという。この教えは近世のキリスト教において芽ばえた。一神教にもともとそうした考え方があったわけではない。このことは本書の第一章で述べたとおりである。宗教における救いは信仰と行為の総体によってもたらされるものと認識されている。

ムスリムが義務としてはたすべき行為が五つある。信仰告白、礼拝、喜捨、断食、巡礼である。これを五行という。あるいは五柱ともいう。柱という語を使うのは、これがイスラームの信仰を支えているからである。

信仰告白とは、「アッラーの他に神なし。ムハンマドはアッラーの使徒である」と告白することである。アラビア語でシャハーダという。証言を意味する。イスラームを信仰するという証言を、礼拝のたびごとに行なうのである。信仰をいだくのは心のうちであっても、それは「証言する」という行為によってはたされねばならない。イスラームを信仰することは、すなわち実践することである。実践が信仰をあかしするのである。

五行の三つ目に数えられる喜捨も、したがって信仰の実践である。ムスリムがはたさねばならない行為である。その対象についてはクルアーンに記述がある（九・六〇）。

「喜捨は貧しい者と生活に苦しむ者、それを管理する者、心を向けた者、身受けの金や負債に苦しむ者、さらにアッラーの道のため、旅人のためにのみ用いられる。これがアッラーの定めたもうところ」

喜捨の対象は、まず貧者と困窮者である。次に「それを管理する者」とは、喜捨の徴収と分配にたずさわる役職者であり、そのための費用がここからまかなわれる。「心を向けた者」とは、新たにイスラームに改宗した者。未経験の信仰共同体になじめるよう配慮するのである。「身受け」とは戦争で捕虜となった者に身代金を払うこと。「アッラーの道」はイスラームの信仰に人々をみちびくための活動を意味する。具体的には普及活動や公共事業が該当する。聖戦もそこに含まれる。

喜捨にあたる言葉はクルアーンにふたつある。ザカートとサダカである。ザカートはムスリムの義務としての施しであり、サダカはアッラーの御名において任意に行なわれる施しとされる。しかしかならずしも明確には区別されていない。

†再配分の構造とは

イスラーム法が体系づけられると、ザカートとサダカの区別が法概念として確立する。ザカートは国家によって徴収され受給対象者に配分される宗教税となった（そうなると「喜捨」という訳語はややそぐわない）。対象者として規定されたのは、先ほどのクルアーンの記述に対応している。実質的には福祉税と言ってよい。サダカはあくまで随時に自発的になされるものである。金銭による寄附だけでなく慈善の行為も含まれる。

ザカートの課税率も定められた。ムスリムが所有する財産に対し、金銭や商品の場合は二・五パーセント、穀物や果実などの農作物は収穫高の一〇パーセントである。乾燥地帯では灌漑施設が不可欠なので、それを使用する場合には五パーセントに割り引かれる。家畜は種類によって異なる。牛ならば三十頭につき一頭、羊ならば四十頭につき一頭である。世俗化した現代のイスラームの国々では、ザカートも個人の自由意志にゆだねられるようになった。そのため、サダカとの区別はつかなくなってきているという。

ムスリムが守るべきことといえば、私たちにも思い浮かぶのは断食やマッカへの巡礼であろう。最近は聖戦ばかりがクローズアップされている。しかし、クルアーンにおいてはもっとも大事な宗教実践として、喜捨がしばしば礼拝とならべて説かれている。「礼拝の務めを守り、定めの喜捨を行なえ」とあるように（二・四三）。

働いて生活の糧を得ることをクルアーンはつねに奨励する。しかし糧を得られるのは、自分ひとりの力によるだけではない。神の恵みがある。社会にも依存している。だから糧をあたえてくださった神と人間社会に対して、お返しをしなければならない。そのためには得たものの一部をアッラーにおもどしすればよい。アッラーはそれを必要とする人の手に届けてくださるのだから。これが富の再配分の宗教的な構造である。その実践がすなわち喜捨なのである。クルアーンは命じる（二・二六七）。

「信ずる者たちよ、あなたがたが働いて得たよいものと、私が大地からあなたがたのために出したものを惜しまず施せ」

†苦しむ人がいるなら

サダカは金銭的な援助に限らない。何かを行なうことも大事である。人を助けるために力を費やし時間を費やすことは、みなサダカと認められている。

ムハンマドの言行を記録したものをハディースと呼ぶ（牧野信也『ハディース　イスラーム伝承集成』全三冊、中央公論社、一九九三〜九四年。文章を一部改める）。クルアーンについで重要な書物である。そのなかの「喜捨の書」にこんな話がある（三〇・一）。

ムハンマドが「すべてのムスリムは施しをしなければならない」とみなに命じたとき、人々は尋ねた。「施すものがない人はどうしたらよいでしょうか」

ムハンマドは答えた。「自分の手で働くがよい。それは自分自身のためになるし、またそのなかから施すことができるようになる」

また人々が尋ねた。「する仕事がないときはどうしたらよいでしょうか」

ムハンマドは答えた。「困っている人や苦しんでいる人を助けよ」

また人々が尋ねた。「そのような人がいない場合はどうしたらよいでしょうか」
ムハンマドは答えた。「善いことを行ない、悪いことを避けよ。これは施しと見なされる」

――たとえば、人に挨拶の言葉をかけることは善いことだろう。親切な言葉をかけることはもっと善いことだろう。

招いてくれた人がいたら喜んで応じる。病気の人がいればお見舞いに行く。アッラーの加護を祈り、早く病気が治ることを願う。知人が亡くなれば、葬儀に参列して遺族をなぐさめる。遺体をみんなで墓地まで運んでいく。身寄りのない貧しい人が亡くなったときは、通りがかりの人までお金を出し合って墓地までついていくという（久山宗彦『コーランと聖書の対話』講談社、一九九三年）。

友人がくしゃみをしたら神さまに祈ってあげる（?）。

じつは挨拶からはじまって、ここにならべてきたのは、ムスリムの共同体において日ごろ求められていることなのである。くしゃみをした勢いで魂が外に出てしまう。昔のアラブ人はそう考えた。だから友人のためのお祈りも善行になるのだ。

二〇一一年三月に起きた東日本大震災のあと、宗教法人日本イスラム文化センターにいるムスリムの人々が現地に駆けつけた。福島県いわき市の避難所を毎週のように訪ねて炊き出しを手伝ったという。

筆者の友人は、これはジハードなのだと語った。震災の直後である。危険がないとは言えない。それでも、苦しんでいる人がいるならそこへ駆けつける。日本では聖戦と訳される言葉の本当の意味をはじめて知った思いだった。

やはりそこにはイスラームの福祉の精神が息づいているのだろう。被災地でじかに人と接するだけでなく、道路をふさいでいる石があればどかす。それも立派なサダカである。

環境保護もサダカの大きな課題である。木を植えて、花を育てる。あらゆる生き物と共存できる環境をめざす。モスクに鳩小屋をこしらえておくのも同じ心だろう。

†台帳は閉じられない

近代以前のイスラーム世界には、喜捨のひとつの実践形態としてワクフという制度がもうけられていた。たとえばモスクの造営と維持管理は、多くの場合このワクフによってまかなわれたのである。

ワクフはアラビア語で「止まる」ことを意味する。停止である。何を停止するかというと、イスラーム法の解釈では「所有権の移転」を停止するのだという。

所有する財産は持ち主の都合で譲渡したり処分することができる。それを止めてしまうのである。つまり権利の永久凍結である。凍結してもその財産からは何らかの収益があがっていく。その使い道まで固定してしまうのである。使い道はさまざまだが、まとめて言えば慈善に用いるのである。つまりワクフとは、個人の財産所有権を停止することで、その収益を慈善事業にあてていく喜捨の制度ということができる。

所有権を停止したあとは、自分の財産なのに口出しできなくなる。しかし一方で、財産は公共的に管理されることになるから、よそから喰い荒らされる心配がなくなる。収益があがりつづけるかぎりは喜捨しつづけることになる。その人が亡くなったあとも喜捨がつづくことになる。これ以上のものはない喜捨の実践ということができる。

権利の停止と言っても、それは人間の側の発想であろう。すべての所有物がアッラーの所有物になると考えるなら、所有権の移動を人間の側が放棄するのはむしろ当然のことだ。ハディースに出てくる話である。あるときウマルという男がムハンマドに相談に来た。「私はハイバルの土地をあたえられたのですが、これほど貴重な財産を今まで得たことがありません。どうしたらよいでしょうか」

そこでムハンマドは答えた。「その土地を固定し、そこから得られるものを施すがよい」と。ハディースの「契約の条件」の書はつづけて言う（一九・一）。

「そこでウマルは、この土地は売買も、譲渡も、相続もすべきでないという条件で、そのなかから施した。すなわち、彼は貧者のため、親族のため、捕虜の解放のため、アッラーの道のため、客人のために喜捨した」

ハディースには「尽きることのない施し」という言葉が出てくる。人は死ぬとその行ないの台帳は閉じられるのだという。しかし台帳が閉じられない場合が三つある。それは「永続する喜捨」を行なう人、「人々の役にたつ知恵の書物」を残した人、「亡くなっても祈ってくれる子孫」のいる人の場合だという。いずれも死後も残るものであるから、文字どおり「尽きることのない施し」になるのである。

†大規模福祉施設群

ワクフは何に用いられたか。

モスクがつくられた。学校や図書館がつくられ、病院や薬局がつくられ、女性の避難所や救貧院がつくられた。道路や橋がつくられ、上下水道が整備され、水飲み場や洗濯場がつくられた。アラビアでスークと呼ばれ、ペルシアでバーザールと呼ばれた市場がつくられた。ハンマームと呼ばれる公衆浴場がつくられ、公衆便所がつくられた。旅人のための宿泊施設や配給食堂がつくられ、キャラヴァンサライすなわち隊商宿が街道に沿ってつくられた。時計台や灯台がつくられ、そして静かで広大な墓地がつくられた。

こうした施設のいくつかは、モスクを中央に配するかたちで計画的に建設される。いわば宗教施設と福祉施設の集合体である。とりわけオスマン朝のもとで大規模な複合施設群が出現する。これをキュッリエと呼ぶ。建造物の多くは今でもイスラーム世界のゆたかさを象徴する遺産として残されている。その機能はもとより建築や装飾の美しさも追求された。ワクフはイスラーム芸術の振興にも大きく貢献したのである。

ボスフォラス海峡の灯台、19世紀、イスタンブール
（オズトルコ『ワクフ その伝統と作品』2010年）

施設をつくるだけではない。身寄りのない娘たちに嫁入り道具をそろえることもワクフの活動である。破産した人の借金を肩代わりする活動もある。町を守るために城壁を築く。そのための労働者を雇用する活動もある。兵士の装備を整え、戦地に食糧を送るワクフもある。寡婦に衣類を届ける。孤児に学用品を届ける。老人に燃料を届ける。貧しい人が亡

くなったときもきちんとした葬儀をいとなむ。それもワクフの活動であった。

オスマン朝時代のワクフの充実ぶりがこう語られる。人はワクフの揺りかごで育ち、ワクフの学校で教育を受け、ワクフの図書館でワクフが寄贈した本を読む。ワクフの職場で働いて家族を養い、ワクフの病院で治療を受け、ワクフの棺に納められ、ワクフの墓地に葬られる（ナジフ・オズトルコ『ワクフ その伝統と作品』東京・トルコ・ディヤーナト・ジャーミイ、二〇一〇年）。人はその生涯において必要とするほとんどすべてのものを、ワクフの資産から確保することができた。今日、各国の政府が担っている公共の福祉活動のほとんどは、過去に宗教活動の一環として実施されていたのである。

†格差のない社会は可能か

ワクフはそんなにすばらしい制度なのか。

なぜ今はほとんどなくなってしまったのか。

イスラーム諸国では、近代国家の成立とともにワクフ財源の多くは売却され国有化された。廃止もしくは政府の統制下に置かれた国も少なくない。それほどにこの制度は新しい時代にそぐわなかったのだろうか。

ワクフに対する批判はさまざまにある。

恩恵を受ける側にしてみれば、働いて稼がずとも援助してもらえる。そうした怠惰な人間ばかりを生み出すことになったと批判される。

恩恵をあたえる側にしてみれば、獲得した資産を国の財源として吸いあげられずにすむ。莫大な資産が非課税のまま放置されていたと批判される。

経済の視点からすれば、資本の効率的な運用がなされないままになる。これが経済の流通を停滞させる原因になったと批判される。

福祉の視点からすれば、経済活動と福祉とが一体化して分離できない。そのため経済が衰退すれば福祉も十分な機能を果たすことができなくなったと批判される。

宗教の視点からすれば、すべての取り決めがアッラーの御名のもとになされる。人間の都合で変更することはできない。このことが弊害を生むのだと批判される。

たとえば教育にかかわる場合を考えてみたい。学校のカリキュラムには時代が変わっても変わることなく受け継がれるべきものがある。一方で時代が要請する新しい課題に対応することが必要なものもある。ところが原則的に何もかも固定されていたワクフの学校では、カリキュラムの改革などは考えられない。これが近代へ向かおうとするイスラーム諸国の教育にとって、大きなさまたげになったという意見がある。

こうしたことの積み重なりで、ワクフという古来の制度が新しい時代に対応できなくなったのだろう。結局のところそれは過去の遺産でしかなかったのか。

宗教的な信条に支えられたひとつの制度が、何百年ものあいだ変わらずにありつづけた。人々の暮らしのあらゆる領域、生涯のあらゆる場面で、有効に機能してきた。それによって社会に安定した秩序の継続がもたらされた。そこにより大きな意義を見いだしたい。

所得の再配分が果たされたとまでは言えない。社会的な救済が実現したとまでも言えない。それでも、社会が発展すれば格差が拡大するのがつねの世のなかで、それを縮小する方向に一歩でも近づこうとした。そうした相互扶助をめざす社会構造が形成されていた。そのことを重く見たい。

†初等教育の優先権

ワクフ対象物件の例をふたつあげてみる。学校と病院である。

オスマン朝の時代、西暦にして十四世紀から二十世紀はじめまでのあいだ、ワクフは初等学校からはじまるすべての教育をになっていた。例外は宮廷付属のエンデルン学校だけである。これは官僚養成機関である。帝国最末期には西洋式の兵学校が開校されるが、もちろんこれも例外である。

五〜六歳の子どもたちが通うスブヤンという学校が、オスマン朝時代には町や村のいたるところにつくられた。正確な数はわかっていないが、十七世紀にはイスタンブールだけで二千校近くもあったことが記録されている。当時のヨーロッパでさえ比較にならないほど初等教育が充実していたのである。

一四五三年にイスタンブールに首都を置いたメフメト二世は、この町に広大なキュッリエを建設した。そこに付属するスブヤン学校においては、教育の優先権を孤児と貧家の子にあたえることが定められた。この通達がその後いたるところでワクフの定款に盛りこまれるようになる。学校に通う子どもたちには給食が用意され、衣服や靴を買うお金が支給された。

身寄りのない子や貧しい家の子を最優先としたのはなぜか。

助けを必要とする子どもたちに施すのはワクフの活動として重要である。しかしもっと重要なことがある。ひとりで生きていかねばならない子どもたちを堂々と世間に出られるようにする。その道筋を用意することではないか。そのために教育の機会を最優先であたえるのだ。ワクフの活動は金銭を施すことだけではない。どんな境遇にもくじけない人間に成長できる機会を施すのである。これがやがては社会の活力になっていく。ワクフが人の生涯にわたる福祉環境を充実させてきたからこそ、それが可能になるのである。

†マドラサという公益財団

十一世紀からマドラサと呼ばれる高等教育施設がつくられるようになる。マドラサの起源は十世紀のイランにさかのぼるという、オスマン朝時代にさかんに建設されるようになり、ワクフ制度と結びついた。高等教育とそれに関連する施設が大規模なワクフの対象になっていった。

それはたんなる教育施設にとどまらなかった。キュッリエと同じように、ときには巨大なキュッリエの一部として、さまざまな施設が併設された複合体であった。講義棟には図書館が附属し、蔵書もワクフとして寄贈される。寄宿舎も附属する。教育費は無償であり、一部の学生には奨学金が支給された。医学教育が行なわれるマドラサでは病院も敷地内に建てられた。これは今日の大学に医学部があり附属病院があるのと類似している。

オスマン朝時代のマドラサはその教育段階に応じて一般課程と専門課程に分かれていた。前者は教師や裁判官を育成する教育組織であり、オスマン帝国の全域に広く設置された。後者はイスラーム学の専門分野のほかに医学や工学も教授され、都市部に多く設置された。

ワクフの対象物件である以上、その構成員も教授から助手、事務職員から守衛にいたるまで必要人数とその俸給が定められている。事務職員の給料は学生奨学金の支給額と同額

バヤズィド・マドラサ、16世紀、イスタンブール
（オズトルコ『ワクフ その伝統と作品』2010年）

で、教授の給料はその二十五倍だった。

オスマン朝時代にどれだけのマドラサが建設されたのかわからないが、十五世紀から十六世紀にかけてその数は五百に達したとされる。たとえるならば大学が国内に五百あり、そのいくつかは附属病院まであったと考えれば、やはり驚きである。近代になってからはイスタンブールだけで百七十八のマドラサがあった。さらに百四十七の図書館が存在し、二十万冊近くの写本が収蔵されていた。

マドラサの周辺には新たな商業地区が形成され、すべてワクフ物件に組み込まれた。近隣の道路の整備や清掃もその財源によってまかなわれた。マドラサの門のところで毎朝、貧しい人々に食事が提供される。夏には綿布、冬には毛織りの衣服が配られた。そうした慈善事業まで定款に記載されていた。マドラサを対象とするワクフは大規模な公益財団と言ってよい。こうした財政面での基盤があったからこそ、国家から独立した教育機関でありつづけることができたのである。

†花と音楽が贈られる

次に病院について考えてみたい。

イスラーム世界で最初の病院は、アッバース朝のバグダードでつくられたアル・ラシード病院といわれている。第五代カリフで八〇九年に没したハールーン・ラシードの時代である。その後、各地で「病人の園」や「治療の館」などの名で呼ばれる病院が建設されていく。初期にはカリフや宰相などの寄附によって、のちにはワクフによって創立され運営されていった。

オスマン朝の時代には大規模な病院や医学校がつくられるようになる。医療活動も医学教育も政府の管轄ではなかった。それはワクフ設立の施設や学校で行なわれていた。そこでは入院治療が行なわれるだけでなく、外来診療も行なわれた。さらに医療施設に行くことができない病人のために訪問治療も実施されていた。

メフメト二世が定めたワクフの定款に記されている。週に一度ずつ監査人と医師と事務職員が早朝に病院に集まり、地域の病人の状況を把握するため市内におもむく。イスタンブールの家々で寝たきりの病人や薬を買えない病人がいたなら、惜しみなく援助の手を差しのべる。これは「善行に浪費はない」というワクフの精神にもとづいている。

バヤズィド２世のキュッリエ、15世紀、エディルネ
（オズトルコ『ワクフ その伝統と作品』2010年）

つづくバヤズィト二世は、一四八四年にエディルネに病院をつくらせた。トルコの最西端、ギリシアとの国境に近いエディルネは、イスタンブール以前にオスマン朝の首都が置かれた歴史のある町である。病院はトゥンジャ川のほとりにある。ダール・アッ・シファーすなわち「治療の館」と呼ばれた。中央に大ドームを持つ六角形の病院本部棟があり、十二の小ドームがそれを囲む。まるで大きなモスクである。噴水のある広々とした池の周囲には、精神病棟が独立して建てられ、礼拝堂、食堂、厨房、洗濯場もそれぞれ建物を備えていた。

今日の精神医療施設の原点とされるこの病院は、何世紀ものあいだ名声を伝えてきた。精神疾患には花の香りや音楽の調べが効果があるとして、積極的に治療に活かされた。敷地内の庭園で栽培されるジャスミン、ルミー、バラ、スイートバジル、ヒヤシンスが患者の病床をかざった。また、病院には専属の楽団があり、横笛ネイと弦楽器ウードの奏者、歌手と踊り子たちが週に三回、演奏を行なった。心を病んだ人になぐさめをあたえ、魂の糧となる音楽が贈られたのである。

食事についての記録もある。病人には一日三度の食事が用意される。ヤマウズラ、キジ、ガチョウ、カモ、ナイチンゲールといったさまざまな鳥が猟師の手で病院に届けられた。貴重な鳥の肉が熟練した料理人によって調理され、患者の食卓にのぼるのである。病院に割り当てられた資金によって、滋養に満ちた食材が購入され、薬とともに惜しみなく供給された。

†脈をとる名医

イスラームの医学の特色のひとつは、病気を人の体と心の障害として捉えたことだとされる。心を治療するという考え方は他のどこにもなかった。そのことを示す逸話がある。古くは前嶋信次著『アラビアの医術』（中央公論社、一九六五年）に紹介され、黒柳恒男訳『ペルシア逸話集』（平凡社、一九六九年）に収められたが、興味深い話なのでここでも取りあげてみたい。

イブン・スィーナーと言えばイスラーム医学を代表する名医である。ヨーロッパではアヴィセンナの名で知られる。一〇三七年に没した。彼が著した医学の『典範《アル・カーヌーン》』は、ヘブライ語にもラテン語にも翻訳された。『カノン』の名でヨーロッパの大学ではもっとも権威のある医学書として重んじられた。

イブン・スィーナーがまだ放浪の身だったころの話である。ペルシアのグルガーンの町で王の近親者が病気になった。侍医たちの懸命な治療も効果がない。困り果てた王は、近くの隊商宿に名医のうわさがある若者が逗留していると聞いて、彼を召し出した。

イブン・スィーナーは、やつれ果てた若い貴公子の診察をはじめた。脈をとったり尿をしらべたのち、グルガーンの町をくまなく知っている人を連れてくるよう依頼した。貴公子の脈をとりながら、町にくわしい男にグルガーンの界隈の名をあげるよう命じた。ある界隈の名が出たとき、貴公子の脈が乱れはじめた。次にその界隈の通りの名をあげるよう命じた。ある通りの名が出ると、またもや貴公子の脈が乱れた。そこでその通りにある家の名をすべてあげるよう命じた。ある家の名が出ると、また脈が乱れた。さらにその家に住む人の名をあげるよう命じた。ある人の名が出ると、脈はいよいよ乱れた。するとイブン・スィーナーは、これで診断は終わりましたと言った。

それから王に語った。――この若い方はどこそこの界隈の、これこれの通りにある、しかじかの家の、なんとかいう娘さんに恋しておられます。その娘さんと添わせるのが何よりの薬です。娘さんに会えばすぐに元気になるでしょうと。

イブン・スィーナーの言ったとおり貴公子の病は癒えた。驚いた王にふたたび語った。――病気は恋わずらいです。それをずっと隠していたため、あのような病気になったのです。しかしあの若い方に直接それを尋ねても本当のことは言わないと思い、脈の乱れで診断することにしたのですと。

この話は十二世紀ペルシアの詩人ニザーミーの『四つの講話』という本に出てくる。語られている若者の病気は、今で言えば心身症ということになるだろう。たとえ身体的な症状であったとしても、場合によってはその原因に精神的なものがある。それを医師は見ぬいていたわけである。

†「慈悲の家」である病院

ワクフの定款には病院で働く医師の資質についても詳細に定められている。スレイマン一世の皇后で一五五八年に没したハセキ・スルタンが作成した文書がある。そこでは医学と薬学の研究をふまえた専門知識と臨床経験に加え、患者の心理への洞察と慈愛の精神が医師に求められている。

五百年近くも前の中東の病院に関する文書である。そこにこんな言葉がある。「医師の心ない言葉は、患者にとって最大の苦しみよりつらいものとなる。(中略)しかし医師が語りかける優しい言葉は、病人にとって天国の恵みよりすばらしいものとなり、冷たく澄んだ水よりも心地よいものとなる」

病気に苦しむ貧しい人にとって、病院は生きる希望をもたらす「慈悲の家」であった。そこはまた避難所としての役割もになっていた。ハセキ・スルタンはイスタンブールに女性専用の病院もつくらせている。

病院における医療は実践が中心であり、医学生の教育も患者を前にして行なわれた。この臨床教育もまたイスラーム医学の特色である。九七八年にバグダードに創立されたアル・アドゥディー病院では、医師が患者を診察するとき医学生を陪席させた。彼らにさまざまな質問をあたえ、最後に診断にいたった根拠を明示したという。ティグリス川の堤に建てられたこの病院は、当時のイスラーム世界で最大の規模をほこっていた。併設する図書館の蔵書数は格段であり、医学教育センターとしての機能も果たしていたのである。

ヨーロッパで臨床教育がはじまるのは十八世紀のオランダからとされるが、その何百年も前からイスラーム世界で実践されていたのである。

病院という場がイスラーム医学の中枢であった。しかし病院内における治療がすべてではない。患者が体だけでなく心の健康もとりもどし、社会に復帰するためのあらゆる配慮がなされた。退院後も病気が再発することのないよう、継続的に生活面での援助が行なわれた。これなどはまさに、ワクフによる総合的な福祉の仕組みが社会に行きわたっていたからこそ可能だったと言うことができるだろう。

†施しの石へ向かう人

最後にイスラームの福祉において注目したいことがある。

それは、施しを受ける人の尊厳が重んじられていることである。

モスクのわきには「施しの石」が置いてある。

夜の暗闇のなか、この石のなかにそっとお金を入れ、静かに立ち去っていく人がいる。たとえわずかでも、お金に困っている人の力になれたらいい。誰にも見られずに、それができるならば。

そして夜明け前、まだ薄闇のなか、その石へと向かう人がいる。そこから必要なだけのお金を持っていくことができる。誰にも見られずに、これで急場をしのぐことができる。

モスクのわきにはそういう石が置いてあるのだという。筆者はこの話を東京ジャーミイで教えていただいた。話を聞いているうちに、山本周五郎《やまもとしゅうごろう》の『裏の木戸はあいている』という短編小説を思い出した。

高林喜兵衛《たかばやしきへえ》の屋敷の裏木戸には鍵がかかっていない。木戸の内側には箱が置いてあり、いくばくかの銭が入っている。窮迫している者は誰でも入ってきて箱のなかから必要なだけ持っていくことができる。返せるときが来たら、同じように黙って木戸をあけ、箱のなかにもどしておけばよい。返せなければ返さなくともよい。その日の食さえ得られずにいる者に、一時のしのぎでもつけばよい。そう思って木戸をあけておくのである。

この木戸のことがいつか上役に知れた。金貸しめいたことをしていると疑われ問いつめられた。上役のひとりはこれを「小人《しょうじん》の思案」だと断じる。

「それは人に恵むようにみえるが、却《かえ》って人をなまくらにする。貧窮してもそんなふうに手軽に凌《しの》ぎがつくとなれば、そうでなくても怠《なま》けたがる下人《げにん》たちは、苦労して働くという精神を失うに違いない」

他の上役たちもたたみかけるように言う。

「返してもよし返さなくともよしとなると、借りたまま口をぬぐっているという、狡《ずる》い気持ちをやしなう危険も考えられる」

「そういう安易な恵みが、逆に害悪となるという点を考えたことがあるか」

高林は「そういうことは考えなかった」と答えるしかなかった。

詮議が終わったあと、高林は心のうちでつぶやいた。

「かなしいことに、人間は貧乏であればあるほど、金銭に対して潔癖になる。施しや恩恵を、かれらほど嫌《きら》うものはない。しかし顔も見られず、証文も利息もなしに、急場を凌ぐことができたら、かれらもたぶん利用しに来るだろう」

†そっと施す人に

小説とモスクの石とのつながりは、おそらくない。山本周五郎は少年時代に質屋に住みこみで働いていた。店主の山本周五郎（この人の名をペンネームにした）は、下町の困っている人たちに、一円に限って無利子無期限で融通したという。これが出発点にあったことはまちがいなさそうだ。それでもこの小説を読み返してみれば、朝早くモスクの石へ向かう人の思いが胸にささってくる。

モスクの石にはいたわりがある。お金を持っていく人に対してだけではない。お金を置いていく人に対してもである。

施しをすれば、かならず立場が上になってしまう。そこに恥ずかしさはないだろうか。神さまが見ていてくだされればそれでいい。クルアーンも言うではないか（二・二七一）。「あなたがたが施しを人前で行なうのもよいことだが、人目をさけて貧しい人にあたえるなら、それはもっとよいことだ」

誇れるほどの施しがいつもできるわけではない。人の世では施すことにさえ上下が生じてしまう。「こんなにも」があれば「これだけか」もある。いっそ誰にも知られない方がいい。

施すことはむずかしい。だが、施されることはもっとむずかしい。

どんなに落ちぶれていても、施しを受けている自分をさらされたくはない。誰にも見られないならその方がいい。モスクの石だけが知っていればそれでいい。

施す側もつつしみを持っている。施される側も誇りを持っている。

ハディースの「喜捨の書」に記された話がある。最後の審判の日にアッラーが護ってくださる人はどんな人か。ムハンマドは言う（一六・一）。

「右手がすることを左手が知らないほど、そっと施す人」

第四章

続々　福祉がはじまる

——苦しみをいたむ心

†罪の女が

聖書にこんな話がある。

あるとき、イエスが人々と食事をしていた。そこへひとりの女が入ってきて、イエスの足もとに泣き伏した。涙がイエスの足をぬらした。涙でぬれたその足を、女は自分の髪の毛でぬぐい、泣きながら足に口づけした。

それを見ていた男が心のなかでつぶやいた。

「この人は自分に触れているのがどんな女かわかっているのか。あれは罪の女じゃないか」

そのときイエスは男に言った。

「この女をごらん。私がこの家に入ってきても、誰も足を洗う水さえくれなかった。それなのに、この女は涙で私の足をぬらし、自分の髪の毛でふいてくれたではないか」

そして女に言った。

「あなたの罪はゆるされている。安心して行きなさい」

――この話は「ルカによる福音書」に記されている（七・三六～五〇）。聖書の記述では、女はイエスの足を髪でぬぐったあと、香油を塗ったとある。香油を塗るのは死者を葬るときである。女はイエスの葬りの準備をしたのだとされる。あるいは、キリストすなわちメシアとは「油注がれた者」のことであるから、この場面にはもっと大きな意味が込められているという。イエスは女に「あなたの信仰があなたを救ったのだ」と語っている。イエスをメシアと認める信仰がここにあるとも考えられている。そうした神学の議論におよぶ話はいろいろある。けれども今はこの女のことだけ追ってみたい。

女の名はここには記されていない。どうしてイエスの足もとに泣きくずれたのか。聖書には何も書いてない。

マグダラのマリア、15世紀写本、コンデ美術館

ただ「罪の女」とだけある。「罪深い女」という訳もある。聖書のなかでは、それは姦淫の罪を犯した女と結びついている。肉欲に負けて性の非行をはたらいた女である。あるいは、端的に娼婦をさす言葉である。

マグダラのマリアという女性の名が聖書の別のところに出てくる。彼女がこの「罪の女」であったとは書いてない。もとは娼婦であったとも書いてない。しかし、いつのころからか、この女こそマグダラのマリアであったと考えられるようになった。彼女はかつて娼婦であったと考えられるようになった。

さめざめと泣くことを、フランス語でもスペイン語でも「マグダラのマリアみたいに泣く」という。それはこの場面がもとになっている。マグダラのマリアがイエスの足もとで泣いている。そうした場面が絵に描かれた。髪の毛の色までは聖書に書いてない。西洋の絵では、これもいつの間にか金色の長い髪になった。

†マグダラのマリアの半生

聖書にもどろう。「罪の女」の話である。

その人の過去については何もわからない。なぜ人から後ろ指をさされる身になったのか。それは知りようもない。けれども、その罪はゆるされているのだとイエスは告げた。

イエスが十字架にかけられたとき、男の弟子たちは逃げてしまった。ところが、処刑の場を離れずに見守っていた女たちがいた。「マタイによる福音書」はその筆頭にマグダラのマリアの名をあげている（二七・五六）。はりつけの場面を描いた絵でも、いつもイエスの下にいるのは聖母マリアと年若い弟子のヨハネ、そしてマグダラのマリアである。

イエスの葬られた墓を訪れたのは、やはりマグダラのマリアと女たちだった。三日目の朝、彼女がふたたび墓地へ行ってみると、イエスの遺骸がない。そこへ天使が現れ、イエスが復活したことを告げた。その後、イエスは弟子たちの前にも現れるのだが、誰よりも先に現れたのはマグダラのマリアであった。

彼女はずっとイエスについてきたのだ。

あの「罪の女」はどうであったか。あとのことは聖書に何も記されていない。だが、罪はゆるされたと言ってくれたその人に、何もかも捨ててついていったにちがいない。彼女こそマグダラのマリアその人にちがいない。人々はそう確信したのだろう。

マリアの出身地であるマグダラは、ガリラヤ湖畔の町である。そこは水産業の一大中心地であった。それほど繁華な町ならば、娼婦で身を立てる女性が暮らしていてもおかしくない。

マグダラのマリアを「罪の女」と同一視するのは、三世紀の教父たちからつづく伝統である。アウグスティヌスもトマス・アクィナスもそう信じていた。中世の『黄金伝説』にもそう記されている。

現代の聖書学においては「罪の女」とマグダラのマリアは関係がないとされる。昔の人は誤解していたのである。しかしその誤解のなかから多くの伝説が生まれた。絵や彫刻が生まれた。福祉の実践までもが、そこからはじまっていったのである。

十三世紀のヨーロッパで、娼婦に身を落とした女性の更生施設がつくられた。それは

「マグダラのマリアの改悛の姉妹会」と呼ばれた。

✝白い女性たちの会

改悛の姉妹会は一二二六年にドイツ中部の町ヴォルムスで設立された。会員は白い衣を着用したので、「白い女性たちの会」とも呼ばれた。翌年にはローマ教皇から修道会として認可され、ドイツの主要な都市に普及していった。数十年のあいだに七十の修道会を擁するほどになった。しかし宗教改革の時代にほとんどが閉鎖されてしまう。

十五世紀の終わりごろパリでも同じ動きがはじまった。フランシスコ会修道士ジャン・ティスランによって、マグダラのマリアの加護を祈る改悛の姉妹会が創設された。一四九四年のことである。たちまち二百人以上の女性が入会した。会員は増加をつづけ、アヴィニョン、マルセイユ、ストラスブールなどフランス中の名だたる都市にもつくられた。

修道女はヴォルムスの姉妹会のように真っ白な修道服と真っ白なヴェールを身につけた。キリストが流した血によって彼女たちは清められる。そうした純潔の象徴としてこの色が定められたのである。

設立当初の修道会がパリのどこにあったかはわかっていない。のちにセーヌ川の北、サン・ドニ通りのサン・マグロワール教会の近くに移転した。それからはサン・マグロワール会の名でも呼ばれるようになる。ティスランはフランス王シャルル八世の聴罪司祭を務めていた。そのため王家から援助を受けることができた。

一五〇二年にはリヨンに救護院が設立される。娼婦の身から修道女になった者たちがそこで働いた。寡婦や身寄りのない娘たちも雇い入れた。仕事を得ることで自立する道を切り開くことができるようにしたのである。

宗教改革をへた一六一六年に姉妹会は改革された。中心になった修道女のなかに、ルイ十四世の財務総監コルベールの叔母であるアドリエンヌ・コルベールもいた。それまでの白衣の修道服はこのとき変更され、グレーの衣と黒いヴェールに改められた。また入会を許可する年齢も三十歳までに限ることになった。会の維持費が不足すると、修道女たちは献金を集めるため市内に出かけるようになる。

マグダラのマリアの改悛の姉妹会修道女、18世紀銅版画

マグダラのマリアにならった娼婦の更生施設は他にもたくさんつくられた。しかし人々の心が信仰から離れていくうちに、どこも不良少女の感化院と変わりなくなっていく。アイルランドのダブリンの「マグダレン洗濯部屋」のような、刑務所よりも苛

酷な収容施設になったところもある。これは映画『マグダレンの祈り』ですっかり有名になった。

†誰が先に神の国へ

聖書は娼婦についてどのように語っているのか。

旧約聖書「レビ記」は「娘に娼婦の行ないをさせて汚してはならない」とする（一九・二九）。娼婦をめとることも禁じている（二一・七）。姦淫の罪を犯した女は石で打ち殺すことが「申命記」に定められている（二二・二〇〜二二）。新約聖書はこの旧約の考えを受け継いだ。しかし福音はこの人々にも告げられたのである。

イエスがエルサレムの神殿で人々に語っていると、祭司長や長老たちが近寄ってきた。そこでイエスはこんな譬えを話しはじめた。

ある人にふたりの息子がいた。葡萄園に行って働いてくるよう兄に言った。兄は「行ってきます」と答えたが、結局行かなかった。弟にも同じことを言うと、「いやだ」と答えた。けれど、あとで心を変えて出かけていった。イエスが「ふたりのうち、父親の望みどおりにしたのはどちらか」と問うと、誰もが「あとの者だ」と答えた。そのうえでイエスは人々に語った。

「あなたがたによく言っておく。徴税人や娼婦があなたがたより先に神の国に入る。なぜなら、ヨハネが来て正しい道を示したのに、あなたがたは彼を信じなかったが、徴税人や娼婦は彼を信じたからである。あなたがたはそれを見てもなお、悔い改めてヨハネを信じようとしなかった」

これは「マタイによる福音書」に語られた話である（二一・二八～三二）。この箇所は聖書の写本によって読み方がまちまちである。兄弟の返事が入れ替わっているものがある。新共同訳は逆の読みを採用している。しかしそれではあとの言葉が生きてこない。あるいは、イエスの言葉がもとにあって、譬え話があとから加えられたという意見もある。

ところで、徴税人がなぜ娼婦とならんで出てくるのか。

福音書に出てくる徴税人というのは、ローマ帝国の税金取り立て請負人の手先である。手先だから報酬はたかが知れていたろう。余分に取り立てて自分のもうけにでもしなければ、とても食ってはいけない。彼らにだっておなかをすかせた子どもがいるかもしれない。ごまかしてでも人から巻きあげるしかない。

ないところから取り立てるのだ。そんな役目は誰だって引き受けたくない。引き受ける

カラヴァッジョ「マタイの召命」1600年、サン・ルイジ・デイ・フランチェージ教会

人間がいるとしたら、そうでもしなければ職にありつけない者だろう。生まれた町にいられなくなって流れてきた者かもしれない。世間からはみ出した嫌われ者かもしれない。その彼らが強引に取り立てをするのである。なおさら嫌われる。それは抜け出すことのできない蟻地獄である。その彼らだからこそ、イエスの言葉が心にしみたのではないか。

†光が差しこむ瞬間

イエスの弟子のマタイも徴税人だった。

ある日、徴税人たちがたむろしているところへイエスは入っていった。いつも恨まれている彼らである。世間の人々からどんな目にあわされるかわからない。たむろするしかない。そこへイエスは割って入って、ひとりの男に呼びかけた。男は誰よりも落ちこんでいた。誰よりもみじめに見えた。イエスはその男を指さした。自分についてこいと命じた。

真っ暗だった男の心に光が差しこむ瞬間である。

カラヴァッジョの「マタイの召命」は、そのようすを描いてあますところがない。

その後、イエスは弟子たちと食事をしていた。そこへ「徴税人や罪人たち」が大勢やってきて、いっしょに席についた。するとそれをとがめる者がいた。これも同じ「マタイによる福音書」に記されている。イエスは言った（九・一二）。

「健康な人に医者はいらない。いるのは病人だ」

言われるまでもない。健康ならば医者にかかる必要はない。病気になったら医者にたよる。だが、病気になるのは体ばかりではない。心だって病気になる。心が病気になったとき、人は何にたよったらいいのか。

今の時代ならいくつもの選択肢がある。カウンセリングがある。心療内科がある。占いもある。だが昔はどうだったか。たよるのは宗教者しかなかったろう。占いや呪いも昔は宗教のうちだった。医学の発達していない時代、医者のいない場所ならば、体の病気でさえ宗教者にたよるしかなかった。

宗教が人々の心の病気にも体の病気にも向きあってきたのである。これは現実の社会における宗教のありようを考えるうえで大事なことである。心や体の病気からの救済にたずさわる。その実践こそ福祉のになう仕事であり、それを宗教がささえてきたのである。

徴税人たちがイエスについてくる。「罪の女」たちもついてくる。そういう集団が形成されたのである。やがて信者たちの集団が福祉をになう主体になっていく。

†食卓の世話からはじまる

カトリック教会では日曜日ごとにミサが行なわれる。現在は「感謝の祭儀」と呼ばれる。この儀式をつかさどるのが司祭であり、その下で儀式を補佐するのが助祭《じょさい》である。今ではもっぱら教会の儀式にたずさわるのが務めだが、最初期のキリスト教社会では、信者の共同体を管理し、貧者や病人の世話といった奉仕活動に従事していた。

助祭のもとの言葉はギリシア語のディアコノスである。「給仕する者」という意味である。食卓での奉仕にはじまって、人に奉仕するさまざまな活動へと役割が拡大した。

そのはじまりを伝える話が新約聖書の「使徒言行録《しとげんこうろく》」に出ている（六・一～六）。信者の数が増えてくると、仲間内でもいろいろ問題が起きてきた。日々の施しの分配のとき、寡婦たちがおろそかにされているという。そこで十二人の使徒たちは信者のなかから信仰と聖霊に満ちた七人を選び、その人たちに「食卓の世話」をまかせることにした。

選ばれた七人は食糧の配給にたずさわる仕事をまかされた。これが助祭という職務のはじまりと考えられている。当初は宣教にもおもむいた。最初の七人のうち、ステファノが熱心な活動のあまり捕らえられて処刑された。キリスト教徒で最初の殉教者となったのはこの人である。また、はじめのころ助祭の仕事にたずさわったのは男性ばかりではない。「女性の奉仕者たち」という言葉が「テモテへの第一の手紙」に出てくる（三・一一）。

助祭の制度が整えられてくると、ミサのときに聖体のパンと葡萄酒を信者にさずけることが第一の務めになる。儀式の祭壇にはさまざまな供え物がもたらされた。司祭がそれに祝福をあたえ、助祭が取り分けて貧しい信者に配った。

三世紀のローマ教皇ファビアヌスは、ローマ市内を七つの教区に分け、それぞれに主任助祭を置いた。彼らは教区ごとに困窮している人を訪ねて歩き、その名簿《マトリクラ》を作成して司教に報告した。司教はこれをもとに、教会の資金とにらみあわせて必要な品物の配分をはかる。漏れや重複がないよう、配分されたものは助祭が名簿に記録した。このシステムは今日のケースワークの先駆けとも言われている。

のちにキリスト教が公認されて教会の財産が増えてくると、その管理は助祭にまかされた。一方で教会の儀式はますます煩雑になり、助祭はこれに専念せざるを得なくなる。慈善の仕事の方は各地の修道院がになうようになり、都市に救護施設がつくられるとその運営は信者にゆだねられた。助祭の仕事の範囲も徐々に変わっていったのである。

†苦しみをいたむ心

四世紀にローマ帝国が東西に分裂したあと、西ヨーロッパは混乱の時代に入っていく。身を寄せるところのない人々にとって、唯一の避難所となったのは修道院であった。

六世紀にイタリア中部ヌルシアのベネディクトゥスが修道会を結成した。そのとき定められた会則のもとに、今日につづくベネディクト会の基礎が築かれた。これは西ヨーロッパで次々と設立された修道会の会則の基本ともなった。そこでは貧しい者、老いた者、幼い者、病んだ者への「慈悲」が説かれている。ラテン語でミゼリコルディアという。「苦しみをいたむ心」を意味する。これがキリスト教社会における福祉事業のキーワードになっていく。

ベネディクト会では修道院の収入の十分の一をミゼリコルディアの行ないに費やすことが定められた。その仕事にたずさわる修道士がいて、困窮する人々に食糧や衣服を定期的に分配した。修道院の門前に運ばれてきた病人を治療し、薬をあたえた。宿泊施設というものがなかったこの時代に、旅人や巡礼者に宿を貸した。

こうした善行はかならずしも困窮者の自立をうながすものではなかった。困窮を生み出す社会そのものを改良する動きでもなかった。しかしそれはどんな人にも開かれていた。

現代の公的な扶助制度においては無差別平等の保護という原則がつらぬかれている。その芽ばえをここに見いだすことができるだろう。

慈悲の根底にある思いは旧約聖書の時代からつづいてきた。「イザヤ書」は、神の御心にかなうのはどんな行ないかと問うている。「飢えている人にあなたのパンを分けあたえ、家のない貧しい人々をあなたの家に宿らせ、裸でいる人を見れば着物を着せ、自分の同胞に対して見て見ぬふりをしないことではないか」という（五八・七）。

イエスはこれにならい、しかも同胞にかぎることなく、すべての人にこれを拡大させた。それはイエスの教えがユダヤ民族を超えて、すべての人に開かれたようにである。「ルカによる福音書」は言う（六・三六）。

「あなたがたの父なる神が慈悲深いように、あなたがたも慈悲深い者となれ」

カトリック教会でずっと読まれてきたラテン語訳のヴルガータでは、ここにミゼリコルディアの言葉が用いられている。この教えにもとづいてキリスト教社会は慈悲の行ないを実践してきた。貧者を養い、病人を助け、孤児を育て、巡礼者をもてなす。そうした場所が修道院に附属し、あるいは修道院の外にもできていくのである。

†イスラームのとなりで

ヨーロッパでは紀元千年を過ぎるころから、聖地への巡礼がさかんになる。中世にはローマとならんでサンティヤゴ・デ・コンポステラが巡礼の聖地となった。サンティヤゴはイベリア半島の西のはてにある。くわしいことは第六章で述べたいが、中世にイベリア半島の大部分はイスラームに支配されていた。

西ヨーロッパからサンティヤゴに巡礼するにはピレネーを越えねばならない。フランスとスペインの境には、地中海岸から大西洋岸まで切れ目なく山がつづいている。いくつかある峠はどこも難所であった。

歩き疲れて行きだおれる人もあれば、高い山の気温の変化に耐えられなくて病気になる人もいたろう。人里はなれた山中である。宿泊するところなどない。そこで山のなかに修道院が建てられ、救護所の役割を果たした。

そこでは巡礼者に宿と食事を提供し、病気になった人がいればその世話をした。これはムスリム社会ではすでに長いあいだ実践されてきたことである。イスラーム世界と境を接していた地域で同じような活動がはじまった。このことは注目されてよいと思う。

中世の救護所はラテン語でドムス・ホスピターリスという。「あたたかくもてなすところ」という意味である。病院《ホスピタル》とホテルの語源はいずれもここにある。のちに病気やけがを治す病院と、宿泊するホテルとに機能が分かれるが、もとは両方の機能をそなえていた。どちらも兼ねそなえた施設は今もある。ホスピスがそれにあたる。

ドムス・ホスピターリスという言葉は、ローマ時代のラテン語にはない。中世になってできた言葉である。病院やホテルの起源は、中世の巡礼の時代にさかのぼるわけである。

巡礼の救護所はアルプスにもできた。北ヨーロッパからローマへ巡礼するにはアルプス越えをする。難所は数知れず、遭難者はあとを絶たない。行きだおれた人を捜すのは容易ではない。

十字架の道しるべ、12世紀、ロンスヴォー峠

アルプスをのぞむ北イタリアのアオストの聖者ベルナルドゥスは、大きな犬を使って遭難者を救助した。聖者の名をフランス語にすればサン・ベルナールである。峠の名になっている。今はこの下をシンプロン・トンネルが通っている。英語にすればセント・バーナード。これは救護犬の名になっている。

『アルプスの少女ハイジ』のなかにヨーゼフという大きな犬が出てくる。あの犬がセント・バーナードである。寝てばかりいるが、とても役にたつ犬である。ピレネーやアルプスの山のなかで道に迷わないように、そこかしこに道しるべがつくられた。中世の道しるべを今も見かけることがある。保存してあるというよりは、置き忘れられたように残っている。

†はるか東の国へ

イタリアでミゼリコルディアと呼ばれる慈善のための信心会がつくられた。一二四〇年にフィレンツェで創立されたのが最初と考えられている。もとは教会への奉仕と会員の相互扶助を目的とした団体であったが、やがて貧者の救済、病人の介護、死者の埋葬といったさまざまな慈善事業を展開していった。

会員は務めをはたしているあいだ、黒いマントで頭からすっぽり身を隠した。伝染病が何より恐れられていた時代だから衛生上の配慮とも言われるが、おそらく一番の理由は会員の顔も身分もあかさないためだろう。「マタイによる福音書」にも言うではないか(六・一八)。「隠れた行ないを見ておられるあなたの父が報いてくださる」と。

なんとこの慈善団体、今なお多くのボランティアによって活動がつづけられている。フィレンツェの大聖堂《ドウオーモ》の近くに救急隊員が常駐する詰め所があり、自家用救急車を配備した病院が市内にある。スーパー・マーケットも経営しており、会員制で月ごとの設定額まで無料で品物が購入できるという。見たところ普通のスーパーと変わりない。お金がなくとも施しを受けたというみじめな思いをせずに買い物ができる。そうした心づかいがある。

イタリアからはじまり各地にひろまったミゼリコルディアの団体は、一四九八年にポルトガル王室の保護のもとで組織の再編成が行なわれた。多額の援助と数々の特権があたえられるようになる。大航海時代のはじまるときであった。海外布教をめざす宣教師たちの手で、ポルトガルの広大な植民地にも同じ組織がつくられていく。

日本にキリスト教が伝わったわずか三年後の天文二十一年(一五五二)、ザビエルの布教した山口で早くもミゼリコルディアの活動が開始されている。これはルイス・フロイスの『日本史』に記録がある。聖堂の入口に献金箱が設けてあり、復活祭と降誕祭のときには信者や未信者を問わず貧しい者のために食事が用意されたという。

弘治三年(一五五七)には現在の大分市内に病院が開設された。ポルトガルの修道士ルイス・デ・アルメイダによって日本で最初に外科手術が行なわれた場所である。アルメイダは病院の経営を維持していくためにミゼリコルディアを結成して後援会組織とした。それは長崎から平戸へ、さらに京都、大坂、堺へと拡大した。

日本の組織は「慈悲の組」と呼ばれた。組員の互選により慈悲役と呼ばれる役員が決められる。天正年間（一五七三〜九二）の記録では、長崎の組員は百人、慈悲役は十二人であった。慈悲役はふたり一組で町内をまわり、援助が必要な者に手を差しのべた。

天正十五年（一五八七）の秀吉の禁教令によって長崎の教会が閉鎖されたとき、慈悲の組だけは迫害をまぬがれた。慶長十九年（一六一四）の徳川幕府による大弾圧のときも存続をゆるされ、元和六年（一六二〇）まで活動をつづけることができた。その社会的な役割を為政者も認めざるを得なかったのか。

†小さな者のひとりにしたこと

切支丹と呼ばれた当時の信者たちにキリスト教の教えの要点を述べた書物がある。『どちりいなきりしたん』の名で天正十九年（一五九一）からさかんに印刷された。ヴァチカン図書館に現存する刊本に「みぜりこるぢやの所作」について書かれた箇所がある。それは全部で十四条あり、はじめの七条は「色身」すなわち身体にかかわり、あとの七条は「すひ《ぴ》りつ」すなわち精神にかかわる。色身七条は次のとおりである（南欧所在吉利支丹版集録『どちりいな・きりしたん』雄松堂書店、一九七八年。漢字をおぎない表記を改めた）。

「一には、飢えたる者に食をあたゆる事。

二には、渇《かつ》したる者に物を飲ますする事。

三には、膚《はだえ》を隠しかぬる者に衣類をあたゆる事。
四には、病人をいたわり見舞う事。
五には、行脚《あんぎゃ》の者に宿を貸す事。
六には、とらわれ人の身を請くる事。
七には、死骸を納むる事」

五条目の行脚とは巡礼者のことである。最初の六条は「マタイによる福音書」に列挙された慈善の行ないが、順序を変えてそのまま記されている。最後の一条は旧約聖書第二正典の「トビト記」の話にちなんでいる。それはアッシリアによるユダヤ人の迫害が行なわれた時代であった。同胞の死骸が放置されたままになっていた。それをトビトがひとつひとつ葬ったという（一・一七）。

「マタイによる福音書」に記されているのは最後の審判の日のことである。そのときすべての人間が右と左に分けられる。キリストは右にいる人々を祝福して言うだろう。「あなたがたは私が飢えているときに食べさせ、渇いているときに飲ませ、旅人であったときに宿を貸し、裸でいたときに服を着せ、病気のときに見舞い、牢獄にいたときに訪ねてくれた」と。人々は、いつ自分たちがそのようなことをしたのかと尋ねる。キリストは答えて言う（二五・四〇）。

「あなたがたによく言っておく。私の兄弟であるこのもっとも小さな者のひとりにしたことは、私にしてくれたことなのである」

切支丹の時代に聖書は翻訳されていなかった。しかし別の書物を通じて聖書の教えが人々に伝えられた。それが「慈悲の組」の活動の原動力になったのである。こうしてまかれた信仰の種が、弾圧の時代をへて近代に受け継がれていった（切支丹時代からつづく日本のカトリック教会の福祉事業のことは、いつか本にまとめたいと考えている）。

†分かちあうという理想

イエスは言う。「心を尽くし、精神を尽くし、思いを尽くし、力を尽くして、あなたの神である主を愛せよ」と。さらに言う。「隣人をあなた自身のように愛せよ」と。この言葉は「マルコによる福音書」に記されている（一二・三〇～三一）。キリスト教にとってもっとも大事な教えのひとつである。

神への愛は信仰によってささえられる。そして隣人への愛は行ないによって支えられる。信仰は心のなかに抱くものである。愛の行ないは社会のなかで実践されるものである。

社会における隣人愛の実践は、具体的な慈悲の行為、すなわち慈善というかたちで表明される。そうした愛の実践を通して人は神につながっていく。

慈善こそは隣人に対する最高の愛のわざである。これがカトリック教会における福祉事業の基盤となっている思想である。この思想は十三世紀の神学者トマス・アクィナスによって主張された。そこには「共通善」という理念がある。

ひとりで生きていくことができない私たちは、共同体という社会をつくってきた。古くはギリシアの哲学者アリストテレスが示したとおり、それは人間の自然な本性である。社会を構成する人間には、共同体における活動を通じて実現できるものがある。すべての人がそこに加わり、しかも「分かちあい」が可能であることが重要である。それは個々人が実現できる善の単純な総和ではない。社会全体がつくりあげる善である。それを共通善と呼ぶのである。

ここで用いられる「分かちあい」という言葉は、中世のラテン語でコムーニカティオという。これは分けあえるもの、共有しあえるものを言う。さらに交わりあえること、伝えあえることでもある。これがコミュニケーションという現代の言葉のもとになっている。

共通善の実現に向かって国を治めていくのが為政者の仕事である。そして国という共同体の幸福を実現させることが法の本質的な役割である。トマスは『神学大全』のなかで、政治と法を共通善の実現に奉仕するものと捉え、これを神学の体系に位置づけたのである。社会における共通善の追求という理想に向けて、政治哲学も法哲学も生まれていく。そのことがヨーロッパにおける福祉の考え方のなかに生きている。

最近、スウェーデンのオムソーリが注目されている。日本で言う福祉よりも範囲が広い。医療や教育も含む公共サービスのことである。言葉の本来の意味は「悲しみの分かちあい」だという（神野直彦氏による）。悲しみを分かちあうことができれば、悲しんでいる人にとって自分も必要な存在なのだと実感できる。そうした理想にささえられた事業を展開していくためには、寄附を行なうことや税金を納めることも大きな意味を持ってくるのである。

†貧しい者が貧しい者を

宗教改革をへたヨーロッパでは、社会のなかで奉仕活動を行なう新しい修道会がいくつか現れた。中世からつづく修道会も慈善活動を行なってきた。しかしその活動の中心は、俗世からはなれたところで祈りの生活を送ることである。新しい修道会は俗世に向けて福祉や教育を行なうことをめざした。近代以降のカトリック教会の慈善活動はこれらの修道会がになうようになる。さらに修道士や修道女だけでなく、俗世で暮らす人々がこうした活動に参加していく。そうした動きを推進したのがヴァンサン・ド・ポールである。

ヴァンサンは一五八一年に西南フランスのランド地方の農家に生まれた。家畜の世話をしていた少年を教会が見いだして学費をまかなった。西南フランスの中心であるトゥールーズで神学を学んで司祭になった。それから間もなく、乗っていた船が海賊に拉致され、チュニジアで奴隷として売りとばされた。二年後にそこを脱出したあと、囚人とその家族、孤児や私生児、貧者や病人への慈善事業に生涯をささげることを決意した。

ヴァンサンは貴族の家で聴罪司祭を務めたこともある。慈善に対する関心を喚起させ、孤児院や養老院の設立資金を提供してもらった。名門の婦人ルイーズ・ド・マリヤックの協力を得て、一六一七年に「慈悲の婦人会」を設立させた。これは修道会ではなく貴婦人を中心にした在俗信者の会である。会員は「貧者のはしため」と呼ばれた。貧者や病人のために心をこめて食事をつくり、食卓をととのえ、手を洗ってあげる。自分の子どもにしてあげるのと同じようにする。それを婦人たちはめざした。

ヴァンサン・ド・ポール（1581〜1660）

一六三三年に「慈悲の姉妹会」を設立する。

修道女が修道院にこもることはもはや時代にそぐわない。会員は俗世に暮らす平民の信者の女性たちである。一生を修道生活にささげるための終生誓願は立てさせなかった。孤児の養育と病人の看護に献身させた。働くことのできる者のためには作業所をこしらえた。これは今日の授産所にあたるものである。

ヴァンサンは教会の福祉事業における在俗信者の役割を開拓した。また個々人の力だけでなく団体の力が有効であることを重んじ、その力を組織化した。教会という枠を越え、現代の社会福祉につづく道を切り開いたのである。

「貧しい者が貧しい者を助けることができる」——これがヴァンサンのもっとも大事な言葉であろう。貧しい境遇から立ちあがった人ならではの言葉だと思う。

†乳の柱の下に

孤児院のことをもう少し書きたい。

古代ローマには野菜市場の開かれる広場があり、そこにコロンナ・ラクタリアと呼ばれる柱が立っていた。「乳の柱」という意味である。乳の足りない赤ちゃんをその下に置く。そこを通る女性が立ち止まって乳を飲ませる。そこに子どもを捨てていく者もあった。

キリスト教がローマ帝国に普及していくと、教会が慈善活動を行なうことが知られてきた。捨て子は教会に置き去りにされるようになる。教会の扉の下に置いていく者もいる。扉のすぐうしろにある聖水盤の上に置いていく者もいた。

イタリアでもっとも古い捨て子の救護施設は、七八七年にミラノの司教ダーテオが創設したとされる。生まれたばかりの子どもが洗礼も施してもらえずに、川や下水道に捨てられていた。司教は乳母をたくさん雇って乳をあたえた。子どもは七歳になるまでそこで育てられたという（高橋友子『捨児たちのルネッサンス』名古屋大学出版会、二〇〇〇年）。

ローマの町を流れるテヴェレ川にも子どもたちが捨てられていた。十二世紀の末に教皇インノケンティウス三世は救護施設を開設させた。聖霊救護会の創設者であるギイ・ド・モンペリエに命じて、会の名を冠したサント・スピリト・デッラ・サッシア救護院をつくらせた。そこに捨て子と、さらに貧者と病人を受け入れさせたのである。

聖霊救護会はギイの故郷である西南フランスのモンペリエに病院を建設した。この町の大学には中世から知られた医学部がある。ここも病院とはいうが、福祉を必要とするあらゆる人に開かれていた。ギイがめざしたのは心と体をトータルに癒していく医療である。今でいうホリスティック医療にほかならない。この言葉は近代のものだが、中世においてはイスラーム医学にもとづく考え方だった。アラビア語からラテン語に翻訳された医学の思想と技術が、イベリア半島を通じて西南フランスにもたらされたのである。

病院をイタリア語でオスペダーレという。かつてそれは複合的な救護施設であり、活動の範囲は医療だけにとどまるものではなかった。十四世紀にヴェネチアにつくられたオスペダーレ・デッラ・ピエタも孤児院であり救貧院であった。ここには音楽院も附属していた。孤児の少女たちに手仕事を覚えさせ、音楽の才能のある者には専門の教育をほどこす場であった。

作曲家のヴィヴァルディは司祭であり、ヴェネチアのピエタの音楽教師を務めている。さまざまな楽器のための協奏曲がここで生まれた。音楽院の娘たちのためにつくられたものである。どんなにむずかしい曲でもこなせるように訓練して、いつか自立できるようにしたのである。

孤児院で暮らしたことが、その人の生涯と仕事をささえてきた。その実例をひとつあげてみたい。

†彼女の真実とは？

「父はアメリカ在住のため、めったに会えなかった」

二十世紀のファッション界に君臨したココ・シャネルはいつもそう言っていたという。

しかしそれは嘘だった。

彼女は父親に捨てられたのだ。それからずっと孤児院で暮らしてきたのである。

シャネルは一九七一年に亡くなった。彼女の伝記はいくつも書かれたが、多くは本人が語る言葉にもとづいていた。それはみずからつむいだ「物語」であった。しかし実像はまったく違っていた。彼女の素顔をたどった書物がフランスでも日本でも出版されるようになる。

そこには、あまりに華やかなその名声からは想像もつかない、あわれな少女の姿がある。だが、生い立ちはたとえ悲惨でも、凜《りん》として生きてきたひとりの女性がいる。

シャネルは一八八三年にフランス中西部の町ソーミュールで生まれた。ルネサンス時代の古城が点在するロワール川沿いの町である。のちにずっと南のリムーザン地方へ移っていった。

父親は露天商だった。しかも遊び人だった。いつも家をあけている。母親は五人の子どもを食べさせるために身を粉にして働き、過労のあげく三十三歳で亡くなった。あとにのこされたのは十一歳のシャネルと、一歳上の姉と、二歳下の弟、四歳下の妹、六歳下の弟だった。父親は子どもたちを養う力も意志もない。一番下の娘は親戚に引き取られた。ふたりの弟は農家に里子に出された。

里子の養育費は町から支払われた。当時の里親の多くは金目当てである。ろくな食事も

オバジーヌの修道院、12世紀創建

あたえず、納屋だの馬小屋だのに寝かせる。働くだけ働かせ、十三歳になって養育費の支給が打ち切りになったら追い出してしまう。『家なき子』のレミのように。

シャネルと姉は孤児院にあずけられた。あずけられたとは言っても、父親はそれきり二度と姿を現さなかった。捨てられたのである。

その孤児院はリムーザン地方にあるオバジーヌの修道院に附属していた。十二世紀に創設された修道院である。当時のロマネスク様式の教会堂が今もそびえている。シトー修道会の規則のもとで女子修道会も設置された。孤児院がもうけられたのは十九世紀からである。

十一歳から十八歳までシャネルはここで暮らした。十八歳になると修道女を志願する者を除いて、孤児院を出るのが規則だった。

孤児たちは年齢に応じて組み分けされ、仕事を割り当てられた。十二歳から十四歳までは守護天使の組で、ニワトリやウサギの世話をする。十四歳から十六歳までは聖ヨセフ（イエスのお父さん）の組で畑仕事をする。十六歳から十八歳は聖母の組で裁縫をする。牛乳やチーズ作りも教わった。

　とりわけ修道女のもとで熱心に行なわれたのが裁縫だった。ここでみっちり仕込まれたおかげで、孤児院を出てからお針子として職を得ることができた。デザイナーになってからもこれがシャネルの強みになった。店のアトリエでは、彼女はいつもハサミに鎖をつけて首からぶらさげていたという。

†生活もデザインもすべてが

　孤児院の一日は規則正しい。夏は午前七時、冬は八時の起床である。夕食は夏が午後七時、冬は午後六時。就寝は午後八時三十分である。のちに社交界に出入りしたシャネルだが、夜更かしは決してしなかったという。窓はあけたまま寝る。早起きして仕事にかかる。孤児院時代からの習慣だろうか。子どもをだめにしてしまうのは、愛撫と教師とビタミン剤だと語っていたそうだ。

　オバジーヌの一八九〇年の記録では、当時二十六人の孤児が暮らしていた。シャネルがここに来たのはその五年後である。やや後になるが、一九〇五年に作成された物品目録が残っている。食堂には大小の木のテーブルが三台、ベンチ四台、スプーンとフォークとコップがそれぞれ二十五個あった。寝室には鉄製のベッドが二十九台、マットレスがついているのはそのうち八台、ベッドごとに敷布二枚があてがわれた。

産経新聞パリ支局長をつとめた山口昌子氏によって信頼できる評伝が書かれている(『シャネルの真実』人文書院、二〇〇二年)。そこには著者がオバジーヌの修道院を訪れたときのことが記してある。建物を見て思わず、「あっ、シャネルの色」とつぶやいたそうだ。黒い屋根とベージュ色の壁は、パリのカンボン通りにある店の色と同じではないか。世界中のシャネルの店でもこの色が使われている。色彩だけではない。無駄を排した修道院の外観までもシャネルのモードにつながっている。

修道女たちは黒と白の修道服を着ていた。孤児たちの揃いの服も黒と白だった。シャネルがデザイナーとして最初に注目された作品は「小さな黒いドレス」である。その出発点は少女時代に見なれた服にあったのかもしれない。

もうひとつ加えたいものがある。シトー修道会のステンドグラスには、聖母や聖者の姿ではなく植物の絵柄が用いられる。オバジーヌの教会堂の蔓《つる》がからまりあう窓の文様は、ココ・シャネルの頭文字であるふたつのCを背中あわせにしたロゴマークを思わせる。

仕事一途な生活もデザインも色彩も、彼女にとって思い出したくもない孤児院での暮らしからはじまっていたのである。

シャネルは後年ずっと語っていた。少女時代はフランス北西のブルターニュ地方に住む裕福な叔母に預けられていたと。修道院が経営する学校で立派な教育を受けてきたのだと。父親はアメリカへ行ったままだと語ったシャネルである。自分のみじめな生い立ちをひた隠しにしてきた彼女だが、こんな言葉をもらしている。

「今でも、小さな女の子たちのいる孤児院を見に行き、『あの子たちは孤児です』という言葉を聞くたびに涙があふれてくる」

スペダーレ・デッリ・インノチェンティ、15世紀、フィレンツェ

†けがれない者を救うところ

いつだったかフィレンツェの町の、とある町角を曲がったら、すてきな建物の前へ出た。

半円のアーチが正面に並んでいる。アーチとアーチのあいだに丸い板がはめてあり、おさない子どもの浮彫が青と白とで表されている。由緒ある建物らしく、案内板にはスペダーレ・デッリ・インノチェンティと書かれていた。

スペダーレは先ほど出てきたイタリア語のオスペダーレ（病院）の方言である。インノチェンティは英語のイノセントの複数形である。もとの意味は「けがれのない人」「純粋な人」のことだが、今ではあまりいい意味では使わない。彼はイノセントだと言えば「あいつとろいな」ということだ。純粋であることがマイナスになってしまう今の時代である。「おさな子のようでなければ、天国には行けない」とイエスは言っていたのに。

この場合はしかし、もとの意味であろう。無邪気な子どものことであろう。けがれのない子どもたちを救うところ。……これは孤児院である。

ここにはルオータと呼ばれる小窓がある。すでに閉鎖されてひさしいが、いわゆる「赤ちゃんポスト」である。イタリア語のルオータは車輪のことで、回転式の受付にも用いられる。赤ちゃんをターンテーブルの上に置いて、くるりと回す。誰にも顔を見られず施設に子どもを置いてこられる。インノチェンティのそれは回転式ではないが、同じ名で呼ばれてきた。

イタリアをはじめとするカトリックの国々では赤ちゃんポストの歴史は古い。日本でも熊本市のカトリック系病院に「こうのとりのゆりかご」の名で設置されている。議論百出だが、そうした議論はヨーロッパでもずっとくりかえされてきた。十九世紀に近代国家が成立すると、前近代の遺物として廃止の方向へ進んだ。しかしその意義があらためて問われるようになり、近年は設置し直されたところも少なくない。

それにしてもポストという言葉はひどすぎる。日本では歴史がないので違和感ばかりが先に立ってしまう。ポストがあろうがなかろうが、赤ちゃんは置き去りにされる。かえってポストの存在がそれを助長する。そうした意見もあるという。置き去りにされた赤ちゃんはどうなるのか。どうやって助けていくのか。そのことをキリスト教の長い歴史のなかで多くの人が考えつづけてきた。そうした取り組みについてもっと知りたいと思う。

孤児院という日本語も凍りつくように冷たい。「けがれのない子どもたちを救うところ」――この言葉はなんてあたたかな響きなのだろう。そんなことを思いながら、ずっとインノチェンティの建物に見とれていた。壁は古びてはいるが明るいクリーム色である。やわらかな冬の日がさしていた。

第五章

平等がはじまる

——キンシャサの奇跡へ

†ザイールの暑い夜明け

第六ラウンドまで挑戦者はずっと打たれっぱなしだった。

一九七四年十月三十日、アフリカ中部ザイールの首都キンシャサでボクシングの世界へビー級タイトルマッチが行なわれた。ザイールは今はコンゴ民主共和国に改称されている。挑戦者はモハメッド・アリ。チャンピオンはジョージ・フォアマンである。アリにとっては奪われたタイトルをふたたび取りもどすための試合だった。

試合は午前四時にはじまった。キンシャサは前日からものすごい蒸し暑さである。

フォアマンは最初のラウンドから押しに押した。強烈なパンチを挑戦者に浴びせまくる。アリは両手でブロックしながら耐えた。派手にたわんだロープに何度ももたれこんだ。第六ラウンドまではほぼその調子だったが、フォアマンのパンチは次第にスピードが落ちてきた。第七ラウンドの終盤で、アリのパンチが決まりだす。アリの動きがすばやくなる。

第八ラウンドがはじまって間もなく、アリの左と右がつづけざまにフォアマンのあごを捕らえた。チャンピオンはぐるりと円を描くようにしてマットに沈んだ。

チャンピオンに返り咲いたモハメッド・アリは、一九四二年にアメリカ合衆国ケンタッキー州の小さな町ルイヴィルに生まれた。もとの名はキャシアス・マーセラス・クレイである。

小学生のとき父親が買ってくれた自転車を盗まれた。盗んだやつをぶちのめしてやろうと思っていたら、町でボクシングを教えていた警官がこう言った。「いいか、ぶちのめす相手に立ち向かう前に、けんかの仕方を習っておいた方がいいぞ」——これはのちにこの警官本人が回想して語った言葉である。アリがボクシングをはじめたきっかけだった。

アマチュア・ボクサーとして一九六〇年のローマ・オリンピックでライトヘビー級の金メダルを獲得した。帰国後プロに転向した。六四年にソニー・リストンからKO勝ちでヘビー級タイトルを獲得した。その直後に、黒人のムスリム団体ネイション・オブ・イスラームの一員として、モハメッド・アリに改名したことを公表した。

ムスリムとしての信念にもとづき徴兵を拒否した。ベトナム戦争の時代である。ライセンスを剥奪され、ボクシング界から追放された。四年後の七〇年、裁判所命令に

キンシャサのタイトル・マッチ、右がアリ、1974年（©keystone／時事通信フォト）

より復帰がかない、タイトル奪還にいどんだ。それにしてもアリのブランクは長すぎた。チャンピオンのフォアマンは無敗のハード・パンチャーである。奪還は不可能と言われていた。それをなしとげたのである。キンシャサの奇跡と呼ばれた。

†切手になったファイター

アリは黒人のムスリムとして世界中でもっとも名の知られた人物のひとりだろう。アリについて書かれた本は数多い。映画にもなっている。郵便切手にもなっている。「切手にでもならないかぎり、俺をなめることなどできない」などとうそぶいていたら、本当に切手になってしまったのだ。だがイスラームについて書かれた本に、アリのことはあまり出てこない。

トマス・ハウザーという作家がインタビューのみで構成した評伝を書いている。アリとその周囲の人々のなまの声である。ひとつのことがらをそれぞれの立場から語っているので、ちぐはぐなところもある。かえってそこが魅力である。邦訳も出版されている（小林勇次訳『モハメド・アリ―その生と時代』東京書籍、一九九三年。文章を一部改める）。

そこにはイスラームに関する発言も少なくない。アッラーへの信仰と人間の平等に関するアリの言葉には感銘するばかりである。この章ではそれをつづりあわせてみたい。

平等という観念がなぜ一神教から生まれてくるのか。第一章で少しだけ筆者の理屈を述べたけれど、ここではその具体的な現れをひとりの人間の語る言葉のなかに追ってみたい。生身の人間が怪物のごとき現実と四つに組みあったなかから出てきた言葉である。その前には、頭でっかちの理屈など吹き飛んでしまう。

というわけで、この章は引用だらけである。引用にせず書き換えてもみた。しかしアリの言葉はパワーがみなぎっている。そのまま活かしたいと考えた（なんと安易だとあきれられるだろうが、この本のなかで一番おもしろい章とひそかに思っている）。アリは人も知る多弁である。あまり長すぎるので引用の途中を省略したところもある。

あのタイトルマッチを筆者はテレビで見た。中学三年のときだった。同じ年齢でスポーツ人類学を専攻している友人がいる。やはり四十年前にテレビで見たという。そして「格闘技はすごい！」と思ったそうだ。筆者もあれを見て「宗教はすごい！」と思った。戦争に反対してチャンピオン・ベルトを奪われた人がそれを取りもどした。その人を支えてきたのだから。

アゼルバイジャンの切手（http://www.azermarka.az/en/1996.php）

この試合が人生を決めたなどと言うつもりはない。友人はボクシングを選んだわけではないし、筆者もイスラームを専攻したわけではない。それでも中学生の小僧どもがすっかりインスパイアーされてしまった。スポーツという枠を越えたできごとだった。

†別種の黒人たちの集団

プロとしてデビューした当初から、クレイは善良な黒人青年と目されていた（モハメッド・アリを名のるまではこの名で記すことにする）。もちろん白人社会にとって「善良」という意味である。白人の建てた国に金メダルをもたらしたのだから、それは当然だろう。プロ選手としての彼を支援したのも白人の組織である。つねに周囲にいたのは白人と、そして善良な黒人だった。ところがここに別種の黒人たちが現れた。

リストンとのタイトル・マッチを翌月にひかえた一九六四年一月、クレイはニューヨークのブラック・ムスリムズの集会に参加した。これが地元の新聞の一面に報じられた。「ムスリムの運動に積極的に参加している全国的に有名な黒人」と書かれた。当時は（今もか）アメリカ社会におけるイスラームのイメージはひどいものだったという。

ブラック・ムスリムズは通称である。正式名称はネイション・オブ・イスラームという。アメリカの歴史のなかでひときわ大きな影響力をもった黒人ムスリムの組織である。

一九三〇年にウォレス・ファードと名のる男がデトロイトの黒人街に現れた。行商のかたわら黒人相手に集会をひらいた。マッカから来た預言者を名のっていたが、その教えはイスラーム本来のものとは大きく異なっていた。

ファードは黒人の優越をやたらと強調し、白人を悪魔として非難した。大恐慌の時代だった。貧困にあえぐ黒人たちは彼の話に共鳴した。集会場は参加者であふれた。

彼が求めたのは黒人の独立である。白人社会への統合ではない。黒人国家の建設をめざす。まったく妥協の余地のない分離主義である。学校を統合してイスラーム大学をつくり、ムスリム女学校をつくり、「イスラームの果実」という名の軍事組織までつくった。

ファードは数年後に失踪するが、後を継いだイライジャ・ムハンマドのもとで組織は拡大を遂げる。彼は自分を神の「使徒」と唱え、白人との分離と黒人の自立を一層強調した。五〇年以降、マルコム・Xが運動に加わる。ネイション・オブ・イスラームは大都市を中心に勢力を拡大した。南部を中心に展開されていた公民権運動とは大きく性格が異なる。マルコムは黒人民族主義《ブラック・ナショナリズム》にもとづいて、安易な統合に対する強い警告を発した。これが多くの黒人の支持を得たのである。しかし白人社会からは過激な黒人分離主義者として、徹底的に敵視されるようになる。

†ムスリムの世界チャンピオン

クレイはリストンをやぶって世界へビー級チャンピオンとなった。試合の翌朝、記者会見が開かれた。席上で質問が飛んできた。「あなたはブラック・ムスリムズの正規のメンバーですか？」

クレイは答えた。「正規の？　それはどういう意味だ。俺はアッラーと平和を信じているだけだ。俺はあんたらの望みどおりの人間になる必要などない」

望みどおりの人間とは何か。キリスト教徒の黒人。貧民出の花形スポーツ選手。下層階級のための安全なお手本。そんなところだ。

クレイはその後の記者会見で語った。「ブラック・ムスリムズはマスコミの使う言葉だ。本当の名はイスラームだ。それは宗教で、世界中に信者がいて、俺はそのひとりだ。世間は俺たちを憎しみに満ちた集団だと決めつけている。俺たちが国を乗っ取ろうとしているなどと言いふらしている。そいつは違う。アッラーの信者はこの世で一番穏やかな人たちだ。彼らはナイフを持ち歩いたりしない。彼らは一日に五回お祈りをする。女たちは床まで届く衣を着ており、不倫などしない。彼らの望みは平和に暮らすことだけだ」

リストンと戦う三年前からクレイはネイション・オブ・イスラームの集会に参加してい

た。そこでイライジャ・ムハンマドの教えに接した。アリは回想して言う。

「イライジャは偉大だった。たとえ俺たちが考えたような神の使徒でなかったとしてもだ。当時の俺たちの仲間がどんなだったか考えてくれればわかる。ほとんどの連中は自尊心なんか持ってなかった。俺たちは銀行も店も持ってなかった。何百年もアメリカにいながら、俺たちは何も持ってなかったんだ。イライジャは俺たちの仲間をどん底から救い出そうとした。彼は仲間の身なりをきちんとさせた。正しい食事の習慣を教えくれた。アルコールやドラッグに反対した。白人は悪魔だと話したことはまちがっていたと思うが、だが彼は、黒人であることはいいことだと教えてくれた」

その組織は新しいものを建設するために多くのものを打ち壊した。それは事実である。しかし、境遇の犠牲になっている若い黒人の男女に、前向きに行動する機会をあたえた。自分を愛することを教えた。それもまちがいないことだった。

†マルコム・Xとの出会い

クレイは一九六二年にデトロイトでイライジャ・ムハンマドが演説するのを聞いた。ここではじめてマルコム・Xに会った。

マルコムの未亡人ベティ・シャバズはその思い出を語っている。——若いファイターがいつも集会に来ていると聞かされていた。そのうち彼が改宗したのでみんな大喜びした。マルコムはクレイを弟のようにかわいがった。この若者がみずからを信じ、堂々と胸をはって一本立ちできるようにする。それが自分の仕事だと語っていた。世間がクレイの才能を食い物にしてしまうのを心配した。彼はもっと大きくなれると信じていた。ムスリムへの改宗がファイターとしての仕事といささかも矛盾するものではないと教えた。

マルコムの娘アタラ・シャバズも同じように語っている。——自分の父親はクレイを家族の一員のように大事にしていた。彼に力を貸したいといつも話していた。アタラの観察では、「クレイは宗教的な人間で、いつも神とかかわっていた」という。

クレイ自身も語っている。「マルコムは聡明で、ユーモアのセンスも抜群だった。彼が話しはじめると、俺は何時間も魔法をかけられたようにうっとりした。彼は俺に奥さんや娘さんたちも紹介してくれた」

公民権運動に奔走するマルコムといっしょに国連にも出かけた。クレイはサインをせがまれた。数年前まで、彼は誇りをもってキャシアス・マーセラス・クレイとサインしていた。古代のコロセウムの剣闘士の名前みたいだと自慢していた。ところがマルコムと親しくなってからは、キャシアス・Xとサインするようになる。アメリカの黒人の姓は奴隷所有者に押しつけられたものにすぎない。アフリカにいた先祖の姓はもはやうしなわれてしまった。Xはそれに代わるものである。

イライジャ・ムハンマドはクレイに「モハメッド・アリ」の名をあたえた。アリは語る。

「自分の名前を変えるのは、俺の人生で起きたもっとも重要なことのひとつだった。これで俺は奴隷所有者が俺の一族にあたえたアイデンティティから解放されたんだ」

この新しい名前を世間は無視した。マスコミは露骨に拒絶反応を示した。ボクシング協会もそれに同調した。アリが仲間の試合を見るためマディソン・スクエア・ガーデンに行ったときのことである。そこでは来場している有名なファイターをリングで紹介するのがならわしだった。アリはもし自分の旧名を使うなら退場すると言い出した。協会は態度を変えなかった。アリは観衆のブーイングを浴びて出て行った。彼のムスリム名に反発したのはマスコミだけではなかった。

祖母の言ったとおりだ

アリは徴兵を拒否したためボクシング界から追放された。ファイトマネーが得られなくなってしばらくのあいだ、大学を講演してまわった。それでわずかばかりの稼ぎを得た。講演は二百回にもおよんだ。

準備に三カ月かけた。自分の考えを紙に書き出す。文章を練り直す。鏡の前で練習する。

テープに録音する。そうして話し方を工夫したという。ボクシングよりは楽だそうだ。

黒人には誇りが欠如しているとアリは語る。「俺たちは洗脳されてきた。いいものは何でも白人のものとされている。キリストを見れば、金髪で青い目をした白人だ。天使はみんな金髪で青い目の白人だ。ミス・アメリカを見れば白人だ。ミス・ユニバースを見れば白人だ。善玉カウボーイも白人だ。密林の王者ターザンまで白人だ。ホワイト石鹸、ホワイト・ヘアリンス、ホワイト・フロアワックス、みんな白だ。エンゼル・ケーキはホワイト・クリームだが、デビルズ・ケーキはチョコレートだ。俺たちが民族としてめざめ、白が黒よりいいなんて嘘をやめさせるのはいつのことだろう」

黒人には独立国家が必要だとアリは語る。「俺たちは四百年前に働かされるためにここへ連れてこられた。どうして俺たちは自分の土地が持てないんだ？　どうして俺たちは家を建てられないんだ？　どうして俺たちは自由になれないんだ？　俺たちはあまりに長いこと抑えつけられてきたんで、自分たちの国を持つことを想像すらできないでいる」

ベトナム戦争についてアリは語る。「俺は南ベトナムの人々の解放を助けるためにあちらへ行くように命じられた。だが同じそのとき、こちらでは俺の仲間がひどい虐待を受けていた。ベトナムで起こっていることと何の変わりもない。だから俺は合法的にそれと戦うつもりだ。もし俺が負ければ、俺は監獄に行く。俺は自分の信念を守りたい。どんな刑罰を受けようと、迫害を受けようとだ」

そのころの耐乏生活についてアリは語る。「どうして金が必要か。俺は金は全然使わない。酒もタバコもやらない。ときどき女房と外出してアイスクリームを食べるくらいだ。女房は料理の名人だから、俺はレストランには行かない。あそこにいる小さな鳥がついばんでいるのを見てくれ。アッラーが鳥を養ってくださる。俺は何も心配していない。アッラーが養ってくださるのだから」

アリが講演すると野次も飛んでくる。「黒んぼの徴兵逃れ」と叫ばれてうろたえた。アリはめげずにこんな話をした。「みなさん。俺がほんの子どもだったころ、俺はあるバカ者にしょっちゅう石をぶつけていたんだ。すると祖母が「キャシアス、石をぶつけるのはおやめ」と言うんだ。俺が「どうしてなの、ばあちゃん?」と聞くと、祖母はこう言った。「ああいうバカ者が死ぬと、化けて出てくるからだよ」」

アリはそこで間を置いて、聴衆を見まわして言った。「みなさん。俺は今、祖母の言ったとおりだとわかった。あのバカ者がここに出てきたからだ」——満場がどっと湧いた。

†アッラーによる試練か

徴兵拒否をめぐる裁判は敗北に終わった。アリはこれを冷静に受けとめた。

「俺はアッラーに試されているんだ」

有罪判決の日にそう語ったという。「俺は自分のタイトルも富も未来もあきらめている。多くの偉大な人々は誰もが自分の信仰心を試されてきた。もし俺がこの試験に合格すれば、俺は今までよりもずっと強くなって出てくるだろう」

そうは言うものの、アリは困窮した。ボクシングは彼の生きる道であり、唯一の収入源だった。大学を講演してまわるのも多少の収入にはなったが、どんどんかさんでいく弁護費用を支払うには足りなかった。

そのとき窮状を救ったのは映画会社だった。アリのドキュメンタリー映画がつくられたのである。記録フィルムをふんだんに散りばめたもので、『またの名をキャシアス・クレイ』という妙なタイトルだ。公開されたのはアリのボクシング界追放が終わろうとするころだった。すこぶる好評でアリの人気を世間に印象づける結果になった。

ベトナム戦争の反戦歌「パフ」を歌ったメアリー・トラヴァーズは、「アリはたいまつをかかげた」と語っている。

たとえ他に命がけでやったことがあったとしても、米国陸軍への入隊を拒否したことの意義は何より大きい。アリを取り巻いていた環境を考えるとなおさらだという。かつて英雄を持つことのなかった人々が、英雄を持つことになったのだから。

トラヴァーズは語る。アリは黒人を抑圧しているものと戦ったと。知的な立場から反対したのではない。政治的な理由で反対したのでもない。自分の信念を守っただけだ。ムスリムのままでいようとした。その事実こそが尊いのだという。

アリはカムバックをはたした。

†白人ムスリムとともに

ブラック・ムスリムズの教えはイスラームのそれとあまりにも異なる。マルコム・Xはすでにそのことに気づいていた。しかし組織の活動にたずさわる以上、その違いを問いただしてばかりはいられなかった。そのうちに彼はイライジャ・ムハンマドの行ないに疑問を感じるようになった。イライジャもマルコムを警戒しはじめる。ふたりの溝は修復不可能になっていった。

一九六四年にマルコムはひそかにエジプトのカイロへ向かった。そこからマッカへ巡礼におもむいたのである。世界各地から巡礼に

マルコム・Xとモハメッド・アリ、1964年（©AFP＝時事）

やってきたムスリムのなかにはアフリカ人もいた。アジア人もいた。アメリカ人もヨーロッパ人もいた。目の青い、ブロンドの髪の、肌の白いムスリムもいたのである。

マッカにいた数日のあいだ、マルコムは彼らと同じひとつの皿から食べ、同じひとつのグラスから飲み、同じひとつの敷物の上に寝た。そしてともにアッラーに祈った。

白人ムスリムのなかにも黒人ムスリムと同じ誠実さがあることを感じた。唯一の神に対する信仰がそこにつどう者を兄弟にした。マルコムは認識した。イスラームは肌の色で差別することなどないと。そして今まで抱いていた考えを改めた。イスラームこそが人種問題をなくすことのできる唯一の宗教である。そう信じるにいたった。

巡礼の旅からもどったマルコムは、新しいムスリム名を名のった。ハジ・マリク・シャバズという。そして新聞や雑誌に発表するための公開状にこう記した。

「過去において私は、すべての白人を無差別に告発してきた。そのような罪は二度と犯すまい。白人のなかにも真に誠実な人がいること、黒人に対して同志愛を抱く人がいることがわかったからである。すべての白人を一律に告発することは、白人がすべての黒人を一律に告発するのと同じくらいまちがっている。そのことを本当のイスラームが私に示してくれたのだ」

ロニー・アリは語っている。アリの四番目の妻である。

アリはいつもイスラームを学んでいるという。イスラームがどういうものか、誰もが知っているわけではない。それどころか、アメリカ人の多くはイスラームと聞けばテロを連想してしまうという(このインタビューは一九九一年に行なわれている)。

本当のイスラームはテロなど奨励しない。罪のない人々を殺すことなど奨励しない。ムスリムはムハンマドの時代から他の民族と平和に共存してきた。イスラームは社会が抱えるあらゆる問題にかかわっている。人としての生き方や家庭生活のあり方について教えてくれる。アリはその教えを広めるためにがんばっているという。

アリは一九七二年にはじめてマッカへの巡礼をはたした。

「預言者ムハンマドが神の啓示を受けた場所に立っていると、ぞくぞくしてきてすっかり謙虚な気持ちになる。俺が今やっていることは、すべてアッラーのお気に召すようなことだけだ。俺はボクシングの世界を制覇したが、それは俺に本当の幸福をもたらさなかった。本当の満足というのは、神を称え、崇拝することから生まれるんだ。

俺にとっては毎日が裁きだ。毎晩、俺は寝る前に自分に問いかける。「もし神が俺の今日したことをお裁きになったら、俺は天国と地獄のどっちに行くんだろう」

本物のムスリムになることが、俺にとってこの世で一番大事なことだ。黒人やアメリカ人であること以上に俺にとっては大事なことだ」

アッラーの裁きの日には、人はひとりでその前に立たねばならない。そのとき皮膚の色や国籍などまったく意味がない。神の前での絶対の平等ということは、マルコム・Xもマッカで痛切に感じてきたことだった。

†人生の完全な記録

イスラームの教えそのものに対するアリの理解も徹底していた。

「唯一の神がいて、宇宙のすべてを創造した。何十億、何百億もの星があり、月や銀河があり、アッラーがそのすべてをつくった。それを想像するだけでも俺は謙虚な気持ちになる。ずっと昔、俺は存在していなかった。それから俺は一個の小さな細胞から成長し、おふくろのおなかのなかからこの世に生まれ出た。神がそんな力を持っていると思うと、やはり俺は謙虚な気持ちになる。

この世の人生は試練だ。いつか神が俺たちすべてを俺たちのしたことにしたがってお裁きになる。最後の審判の日がいつ来るかは神にしかわからないが、それはきっと来る。そのとき神が唯一の裁判官になる。人が何かを知らなかったとしても、神はその人につらくあたりはしない。だが、人が悪いことだと知っていながら、それをしたとしたら、神はその人の人生の完全な記録を持っているから、その人は困ったことになる。神は人が思ったことやしたことをすべてご存じだ。あんたや俺やほかの誰かが何をしようと、最後の審判の日には俺たちは呼び出されて、申し開きをしなきゃならないんだ」

ムスリムにならなければ天国には行けないのか。アリは決してそんなことはないと言う。

「俺のおふくろはバプテストだ。おふくろはイエスが神の子だと信じているが、俺はそいつは信じてない。だが、おふくろと俺が違う信じ方をしてるとしても、おふくろが死んだら天国に行けると俺は信じている。

正しい生活をしているユダヤ人がいて、彼らが死ねば彼らは天国へ行くと俺は信じている。善良なユダヤ教徒だろうと善良なキリスト教徒だろうと善良なイスラーム教徒だろうと、その人の宗教には関係なく、善良な人間であればその人は神の祝福を受けられる。

神はすべての人をつくった。彼らの宗教には関係なく。俺たちはみんな同じ神を持っている。ただ、違うやり方で神につかえているだけだ。川も湖も海も呼び方は違っているが、どれも水であることに変わりはない。宗教の場合もそれと同じだ。もし唯一の神を信じているなら、すべての人は同じ家族の一員だということを信じるべきだ。もし相手がイスラ

モハメッド・アリ、東京ジャーミイにて
（ギュレチ・セリム・ユジェル氏提供）

ーム教徒だからという理由で反対するなら、それはまちがっている。もし相手がキリスト教徒やユダヤ教徒だからという理由で反対するなら、これもまちがっている。もし相手が黒人や白人や黄色人種や褐色人種だからという理由で反対するなら、それも全部まちがっている」

神の前での絶対の平等。アリの意識はイスラームという枠さえ超えているようだ。

†「俺はジョー・ルイスだ」

病気の友人を見舞う。これはムスリムにとって大事な務めである。

フィラデルフィアの病院でのことである。そこには両脚のない小さな男の子が入院していた。膝のところで切断されており、義足が用意されていた。だがその子は膝で歩くのに慣れてしまい、それで歩き回れるものだから、義足の使い方を覚えるのをいやがった。アリはその子を両手にかかえて、こう言った。

「いいか、もう尻込みはできないぞ。やらねばだめだ。戦わなければだめだぞ。われわれは宇宙船を月に飛ばしているんだ。君にもそれができるんだ。だから君にこれの使い方を覚えてもらいたいんだ。君が使い方を覚えたら、俺はもどって来て、君にアリ・シャッフルを教えてやるからな」

アリ・シャッフルとは「蝶のように舞い、蜂のように刺す」と言われた彼のステップの名である。

またあるとき、アリは老人ホームに行った。そこには歯のないじいさんが寝ていた。じいさんはおむつをしていた。看護師がじいさんに近寄り、「この人が誰だかわかりますか」と聞いた。じいさんは見あげて、「おお、ジョー・ルイスだ。ずっとあんたに会いたかったんだよ、ジョー」と言った。ジョー・ルイスは往年の黒人ボクサーである。

アリは笑っている人々を押しのけて、「そうだよ、俺はジョー・ルイスだ」と言いながら、じいさんを抱きしめた。そしてあとでみんなに語った。

「あのじいさんはずっと長いあいだジョー・ルイスに会いたがっていた。じいさんがあとどのくらい生きられるかわからない。だが彼はあこがれの英雄に会えたと思って、幸せに残りの日々を過ごせるんだ」

どこかの子どもたちがアリのキャンプに連れてこられた。子どもたちは脳性麻痺で、体の自由がきかなかった。口のまわりはよだれだらけだった。アリはトレーニングをやめにして、リングから下りてきて、子どもたちをひとりひとり抱きかかえた。まわりの大人たちは、もしあの子たちがキスしようとしてきたら、みんな尻込みしてしまうと思った。アリはひとりひとりにキスしてあげて、顔中よだれだらけになってしまった。子どもたちはうれしそうに笑いながら、キスされるのを待っていた。

†スタートしはじめたばかり

アリはとめどなく語る。終わりまで引用でこの章をしめくくりたい。

「人は俺が充実した人生を生きたと言うが、俺はまだ死んじゃいない。やっとスタートしはじめたばかりだ。ボクシングや女遊びや宣伝のすべては、人生のスタートにすぎなかった。これから俺の本当の人生がはじまるんだ。不正と闘い、人種差別と闘い、犯罪と闘い、無知と闘い、貧困と闘い、世界中がよく知っているこの顔を利用して、真理と信念のために闘うんだ。

ボクシングの話はもううんざりだ。ボクシングはただ俺を世界に紹介してくれただけだ。今でも多くの人が、俺に昔のようにしゃべらせたがっている。「俺は最高だ！　俺は美しい！　俺はこうだ！　俺はああだ！」――だが、もうそういうことはしたくない。もっと大きな仕事をしなければならない。

世界中が困ったことになっている。犯罪が増え、環境が悪化し、人々は争ってばかりいる。政府は腐敗し、老人は大事にされず、偏見と不正がはびこり、飛行機はハイジャックされ、中東ではユダヤ教徒とイスラーム教徒が戦っている。

原因は何なんだ？　動物たちの世界は平和で穏やかじゃないか。鳥たちの世界も平和で穏やかじゃないか。自然のすべては、人間をのぞいて完全にうまくいっている。人間が苦しんでいるのは、自然や神の掟にさからった生き方をしてきたからだ。国家なんて忘れることだ。皮膚の色なんて忘れることだ。宗教の違いなんて忘れることだ。

神が俺たちみんなをつくってくれた。人間の善し悪しを決めるのは、神から見て行ないが正しいかどうかということだけだ。神だけが正しい行ないかどうかを判断できる。人間が判断することじゃない。

この国は、暮らし向きについてはよくなってきた。だが、依然として憎しみがある。皮膚の色で人を憎むのはまちがっている。それはどっち側もまちがっている。憎むのがどっちの色のやつかなんてどうでもいいことだ。今この国には何百万というホームレスがいる。帰っていく家がなければいけないんだ。毎日、必死になって生きながら、夜どこに寝られるかもわからない状態だ。この国はこれだけ豊かなんだから、俺たちが人々にそんな生き方をさせてはいけないんだ。

俺の今の目標は、人助けをして、あの世に行く準備をすることだ。今の俺はボクシングで努力したよりもっと努力している。ボクシングをやってたころは、朝六時に起きてランニングをしたもんだ。今じゃ五時に起きて、祈り、パンフレットにサインし、クルアーンを読んでいる。俺はリングでは偉大だったかもしれんが、ボクシングを離れりゃ、ただの人だ。俺は正しい生活を送り、神につかえ、できるかぎりすべての人を助けたいんだ。

それともうひとつ、俺が十二歳のとき、父親が買ってくれた自転車を盗んだやつを捜したい。俺は今でもそいつをぶちのめしてやるつもりだよ。いい自転車だったからね」

第六章

寛容がはじまる

——はるかなるアンダルス

†壮大華麗なつぎはぎ

バルセロナの町を歩いていると、ガウディの建物に出会う。あまり奇抜な外観なので、ガウディかと思うと、はたしてガウディである。旧市街の目抜き通りであるランブラス通り沿いの広場には、彼がデザインした街灯まである。大聖堂も集合住宅も公園もガウディがつくっている。

ガウディは一八七七年にバルセロナ建築高等学校（現在のカタルーニャ工科大学）を卒業した。卒業制作は学校講堂の設計案である。完成予想図が残っている。

それを見ていると思い浮かぶ言葉がある。「つぎはぎ」である。しかもそれは「壮大華麗な」つぎはぎなのだ。もちろん素人の感想だが、ヨーロッパ建築のさまざまな語彙《ボキャブラリー》がダイナミックにつぎはぎされている。古代があり中世があり近代がある。つぎはぎといえども、ここまで壮大に、ここまで華麗になされれば、たいした迫力である。偉大な創造の出発点がここにあるように思えてくる。やはり最初の作品というのは恐ろしい。その後の仕事の萌芽がひそんでいそうだ。

内部の構造は古代ローマのパンテオンを思い出させる。コルドバの中世のメスキータにあるようなアーチがならんでいる。ドームの壁画は近代のロマン主義建築ばりだ。頂上の明かり取りの細部は新古典主義そのものである。

　列柱をかたちづくるアーチに注目したい。半円を通り越した形をしている。馬の蹄鉄《ていてつ》に似ているので、馬蹄形《ばていけい》アーチと呼ばれる。ソブレパサードのアーチともいう。半円を「超過した」という意味である。スペイン国内のいたるところで見かける。これはイスラーム建築に特有のアーチである。

　スペインとポルトガルからなるイベリア半島のほとんどは、中世のあいだイスラームの支配を受けていた。それは八世紀のはじめから十五世紀の末にまでおよんだ。八百年近くつづいたイスラーム支配の遺産がスペインの文化をかたちづくってきたのである。文学にも音楽にも美術にも建築にもそれが現れている。

ガウディ「建築高等学校講堂設計案」1877年

†イスラーム芸術の息づく国

　バルセロナの郊外にグエル公園がある。

　フィレンツェの銀行家メディチ家がルネサンスの芸術家たちのパトロンだったように、バルセロナ繊維業界の

ガウディ、グエル公園、バルセロナ

大物グエルがガウディのパトロンだった。グエルはガウディに惜しみなく資金を提供したという。ガウディが創造のかぎりを尽くすことができたのは、この人のおかげなのだろう。グエル公園もそのひとつである。

公園のベンチにモザイクがほどこされている。陶器の破片が散りばめてあり、そのみずみずしい色彩は、イスラーム建築の内部をかざるモザイクを思わせる。

ベンチの張り出し部分をささえる柱のなかほどに、こぶのようなふくらみがある。これはモサラベ建築の柱に見られる意匠である。モサラベというのは、「アラブ化した」という意味のムスタリブがなまったもの。ムスリム支配下のイベリア半島に暮らすキリスト教徒をそう呼んだ。モサラベ建築はイスラームの影響を受けた教会堂建築をさしている。

ガウディの作品のいたるところに、イスラーム芸術が息づいている。

ムハンマドがアッラーの言葉を人々に告げてからわずか百年、イスラームの勢力はアラビア半島から東西へ向けておそるべき勢いで拡大した。東はインダス川から西は北アフリカの大西洋岸にまでそれはおよんだ。七一一年にジブラルタル海峡を越えてイベリア半島に侵入し、またたく間に半島のほとんどを制圧する。ピレネー山脈を越え、七三二年にはフランス中部に迫った。キリスト教軍がこれを撃退したのでフランスへの侵攻はくいとめたが、イベリア半島には十五世紀の終わりまでとどまることになる。

アラビア半島では七五〇年にアッバース朝が成立した。シリアのウマイヤ家は北アフリカに逃れ、七五六年にイベリア半島にわたって後《こう》ウマイヤ朝を開いた。半島南部の古い町コルドバがその首都となる。正統カリフを名のるイスラーム王朝が東西に並びたったのである。十世紀にバグダードとコルドバは世界でもっとも繁栄する町となった。そこで開花した学問も芸術も、当時のヨーロッパでは想像もできないほど高度な達成を示していた。

十一世紀はじめに後ウマイヤ朝は崩壊しイスラーム・スペインは分裂した。イベリア半島北部の大西洋岸のわずかな地域がイスラーム化されずに残っていた。そこからレコンキスタと呼ばれる失地回復運動がはじまる。

†アンダルシアのムスリム社会

ムスリムはイベリア半島をアンダルスと呼んだ。言葉のもとはヴァンダリシアである。イスラームの征服以前にこの地に住んでいたヴァンダル族の国をいう。アンダルスの名称は、実際には半島全部ではなくイスラームの支配地だけに用いられた。半島征服の最初期には、フランスの地中海岸の一部もアンダルスに含まれていた。しかしその範囲は徐々に縮小していく。最末期のナスル朝の時代には、グラナダを中心とした半島南部のわずかな地域だけになった。今のアンダルシア地方の名はこのアンダルスがもとになっている。

ムスリムは征服した土地を支配するにあたって、北アフリカですでに行なった方法を用いた。数において劣る彼らは、地方の有力貴族と条約をかわして支配地を増やしていく。あるいは姻戚関係を結んで領地を拡大した。その土地の社会組織を無理に変えることをせず、むしろ統治に活かしたのである。

アンダルス総督がムルシアの貴族と締結した条約がある（条文の邦訳は次の論文に収められている。村田靖子「ムスリムのイベリア半島征服」堀川徹編『世界に広がるイスラーム』栄光教育文化研究所、一九九五年。表記を一部改めた）。ムルシアは現在のアンダルシア地方の東に位置する。総督の名はアブド・アルアズィール。貴族の名はテオドミールである。

「慈悲深く慈悲あまねきアッラーの御名において。

アブド・アルアズィールよりテオドミールへ。

後者はアッラーの契約と保護、および彼の預言者の保護の下に講和した。彼および彼の臣下の誰に対してもその地位に関与せず、彼は自らの王権を失うことはない。彼らは殺されることなく、捕らえられることもなく、彼らの子と母は離されることはない。彼らは信仰を妨げられることなく、教会を焼かれることもなく、崇拝するものを奪われることもない。これは、我々が彼に課した義務をはたす限りつづく」

日付は「ヒジュラ暦九四年ラジャブ月」とある。西暦七一三年四月である。

この条約にはふたつの条件が付されている。ひとつはイスラームに敵対する者への助力を禁ずることである。敵対者に関する情報の開示も要求される。もうひとつは所定の税を支払うことである。金銭ならびに農作物が指定されている。小麦・大麦・葡萄汁・酢・蜜・油があげてある。これらの義務をはたす限り、生命も身分も保障された。どんな信仰を持つことも許されたのである。

イベリア半島の住民のほとんどはキリスト教徒だった。しかし条約を結んでムスリムの支配下に入った者には、改宗は強制されなかった。その結果、アンダルスのムスリム社会のなかにキリスト教徒の社会がありつづけることになった。教会組織は継続し、トレドとコルドバの司教座も維持された。

†あなたにはあなたの宗教

ムスリムは征服した土地の人々に改宗を強制しなかった。「宗教には強制があってはならない」とクルアーンにある（二・二五六）。

他人に信仰を無理強いすることはできない。それは人のはからいを超えている。そのこともクルアーンは強調する（一〇・九九〜一〇〇）。「あなたが人を無理やり信者にすることはできない。アッラーの許しがなければ、誰も信仰に入ることはできないのだ」

どんな人間も神に代わって信者に命令する権利はない。イスラームではそう考える。そこには神と人との仲立ちをする聖職者はいない。神の代理人となる者もいないと考える。

誰でも自分の信念をもつことができる。その信念は尊重されてよい。そして同じように他人の信念も尊重されてよいし、尊重されねばならない。宗教を信じるのも同じである。これもクルアーンが教えるところである（一〇九・六）。


「あなたにはあなたの宗教、私には私の宗教がある」


もとより、どんな宗教もつねに寛容だったわけではない。その宗教を正しいと信じ、信じるものを人に伝えようとする。そのとき、異なる価値に対して寛容ではいられなくなることもある。

ユダヤ教徒が信仰する神とキリスト教徒が信仰する神は、同じひとつの神である。ムスリムの信仰する神も、また同じひとつの神である。宗教としてのありようを巨視的に見るならば、同じ神を信仰するイスラームは、その本質においてユダヤ教ともキリスト教とも同じ信仰の体系を有していると言うことができる（後藤明『メッカ』前掲書）。

三つの一神教はずっと対立しあい、争いつづけてきた。私たちはそう考えがちだが、それはごく限られた範囲のことでしかない。たしかに、ある時代にはヨーロッパのキリスト教徒はユダヤ教徒を迫害し、ムスリムを敵視してきた。しかしすべての時代がそうであったろうか。また、ヨーロッパのキリスト教徒がキリスト教徒のすべてではない。キリスト教徒はアラビア半島にもいた。アジアの他の地域にもアフリカにもいたし、今もいるのである。

†どのみち税金は逃れられない

ズィンミーという制度がイスラーム法によって定められている。これは庇護民を意味する。

かつてムハンマドはアラビア半島の異教徒たちにズィンマ、すなわち庇護をあたえた。これにならって、ムスリムの征服地の先住民はすべてズィンミーとしてあつかわれる。本来はユダヤ教徒とキリスト教徒だけを対象としていた。いずれも同じ神から啓示された聖典を有する民、すなわち「啓典の民」だからである。しかしその範囲はのちに拡大された。

イスラームに改宗するかしないかは問わない。ただしムスリムの支配にしたがうのであれば、イスラーム社会の建設への協力が求められる。特定の税を納めねばならない。税は大きくわけてふたつある。成人男子の自由民に課せられるジズヤ（人頭税と訳される）と耕作地に課せられるハラージュ（土地税）があった。これらの義務をはたすならば、生命と財産の安全が保障される。信仰の自由も保障される。

異なる宗教に対する寛容が法的に措置されている。人は改宗か納税かを選べばよい。もっとも改宗すればまた別の義務が生じる。喜捨としてのザカートが課せられる。これが国家によって徴収される宗教税に該当することは、第三章で述べたとおりである。ムスリムになろうがなるまいが税金は取られるのだ。税の種類がちがうだけである。

イベリア半島においても事情は同じだった。ムスリムの支配が確立したとき、現地人の改宗はそれほど急速には進まなかった。ムスリム人口が住民の半数を超えたのは、ずっと遅れて十世紀のなかばと推定されている。財政が逼迫したため、改宗を制限して人頭税の減収をくい止めようとしたことさえあった。

ムスリムはイベリア半島の全域を支配することはできなかった。一部にキリスト教徒の国が残った。十世紀末までアンダルスは軍事的には圧倒的に強勢だったので、キリスト教国はアンダルスの属国に等しかった。しかし、どちらの国の住民も民族は同じである。国境地帯の人々は宗教にかかわりなく交流をつづけていた。

そのひとつの現れが、先ほど出てきたモサラベ建築である。イスラーム建築の構造や意匠を取り入れたキリスト教の教会堂が、九世紀の終わりごろからさかんに建てられた。これが紀元千年以降に南ヨーロッパで成立するロマネスク建築に大きな影響をおよぼすことになる。アンダルスはキリスト教世界へ先進文化を伝える窓口になった。

サン・シプリアーノ教会、10世紀、バリャドリド

†古代オリエントの大先輩

異教の信仰を許容する。こうしたイスラームの姿勢はどこにみなもとがあるのか。

イスラームのふるさとであるオリエントは古代アッシリアによって統一された。その支配は酷烈であった。広大な領土の統治は強制移住政策によって行なわれた。被征服民の反乱を封じるため、故国から追い立てて他の征服地に植民させる。人間を根こそぎ入れ替えたのである。イスラエル王国が南北に分裂した後、北王国の住民はオリエントの各地に分散させられた。そのあげく他民族と混合してしまい、民族の統一はほとんど失われた。

アッシリアを滅ぼした新バビロニアも同じ政策をとった。南のユダ王国の住民をバビロンに捕囚させたのはこのときである。だが以前の支配者とくらべて、そのやり方はゆるやかだった。そのため南王国のユダヤ民族は消滅をまぬがれた。この新バビロニアを滅ぼしたペルシアは、まったく別の方法で統治にのぞんだ。

ペルシアの王は被征服民を彼らの土地から離すことはしなかった。強制移住をこうむった民族も故国に帰還させた。ユダヤ民族がカナンへもどることができたのは、オリエントの新しい支配者のおかげである。祭司エズラにひきいられて故国への帰還がかなった経過は、旧約聖書の「エズラ記」と「ネヘミヤ記」に生き生きと伝えられている。

エルサレムの神殿が再建された。バビロンに持ち去られていた神殿の祭具も返還された。民族の過去につながる仮庵祭《かりいおさい》が挙行された。旧約聖書の核になる文書が編纂された。

エズラはエルサレムの大祭司の末裔である。ペルシアの宮廷に書記官としてつかえ、勅命によりエルサレムへ派遣された。捕囚後のイスラエル社会に秩序を確立させるためである。そのときの勅書が「エズラ記」に載せてある。「諸王の王なるアルタクセルクセス、天にいます神の律法の書記官である祭司エズラにこの書を送る」とある。つづけて言う

(七・一三〜一四)。

「予はここに命ずる。わが国にいるイスラエルの民および祭司とレビ人のうちで、エルサレムへ行くことを望む者は誰でも、そなたとともに行くことができるようはからう。予は七人の顧問官とともにそなたを遣わす。そなたにゆだねられたそなたの神の律法にもとづき、ユダとエルサレムの事情を調査せよ」

ペルシア帝国はゾロアスター教を国教としていた。しかし被征服民が異なる宗教を信仰することを許容した。彼らがその土地の指導者のもとで、自分たちの生活様式にしたがって暮らすことも認めた。ペルシアが被征服民に要求したのは服従と納税である。この義務をはたすならば信仰の維持も社会組織の存続も保障された。

古代帝国において実現されていた統治の理念を、後世のムスリムは忠実に取り入れた。これが近代までずっと引き継がれていく。

†イスラーム文明の統一性

ペルシア帝国は大量の翻訳者を雇用した。王の命令をすみずみまで徹底させるためである。目的は異なるが、翻訳者を重用することもまたイスラームに受け継がれている。

クルアーンが記すのはアッラーが啓示した言葉である。ムハンマドはそれを自分の母語であるアラビア語で聞いた。それは神の言葉であるから、そのままに読まれねばならない。クルアーンはアラビア語で読まれるべきもの。このひとつの言語がイスラーム世界の統一をつくりだすことになる。アラビア語で語られた信仰と宗教実践という共通の文化システムによって、ムスリムの社会は普遍化されている。

イスラームはさまざまな地域に拡大した。拡大をはじめた時期には、征服した地域の多くはすでに高度な文化を有していた。学問も芸術も、法律も社会の構造も、ムスリムのそれよりもはるかに優越していた。ムスリムはそれを認めて積極的に摂取した。ヘブライ語もギリシア語もどしどしアラビア語に翻訳し、共有財産に加えていく。こうしてイスラームは多様な文化圏を内部にかかえながらも、あざやかな統一をなしとげてきたのである。

イスラームは独自の文明を築いた。その文明世界はユダヤ教やキリスト教との共存のもとに成り立っていた。イスラーム勃興期のアラビア半島がそうであり、中世のイベリア半島がそうであった。

イスラーム文明を総体として見るならば、たしかにそれはヨーロッパのキリスト教文明とは異なる姿を示している。しかしその要素を取り出してみれば、時代や地域を越えてどんな文明にも適応できるものがたくさんある。本書でたどった福祉の精神はその典型だろう。だからこそイスラーム文明のいくつかの要素は、ヨーロッパ文明にも取り入れられたのである。

しかしヨーロッパのキリスト教国がイスラームに改宗することはなかった。むしろイスラームを敵視することで、自分たちのアイデンティティを確立し、自己を主張してきた。しかしヨーロッパ人でない私たちが、ヨーロッパ人と（現代ではとりわけアメリカでキリスト教徒を自認する人々と）そうした感情まで共有しあわなくてもよくはないか。

✝太っちょ王、王座に復す

アフガニスタン出身のタミム・アンサーリーが著した『分断される宿命―イスラームの視点から見た世界の歴史』という本がある。著者はアメリカ在住のジャーナリストである。高校生用の世界史の教科書編纂にたずさわっていた。そのとき示された目次案には、イスラームにかかわる項目がほとんどなかった。唖然とするしかなかったそうだ。九・一一のわずか一年前のことだという。

アメリカ人やヨーロッパ人にとって世界史とは、西洋のキリスト教世界から見た歴史である。日本人が使う教科書には、日本から東アジアを見わたす視点はあるかもしれない。

しかしイスラーム世界から見た世界史というのを私たちは知らない。そうした本が書かれたならどんな内容になるのか。アンサーリーの本はそのひとつの試みである（邦訳が出版されている。小沢千重子訳『イスラームから見た「世界史」』紀伊國屋書店、二〇一一年）。

そこにこんな話が出てくる。

十世紀のなかごろ、イベリア半島北部にレオン王国があった。イスラーム化されなかったキリスト教徒の国である。国王のサンチョ一世はとんでもなく太っていた。人々から「サンチョ太っちょ王」と呼ばれる始末。気の毒なこの王様はきっと肥満症なのだろう。臣下の貴族たちまでずいぶんと冷たい。自分の体をコントロールできない者に、国を統治する資格はなし。そう言い立てて、なんと王を退位させてしまったのだ。

失意のサンチョは、アンダルスのカリフの宮廷にユダヤ人の名医がいることを耳にした。藁《わら》にもすがる思いで、母親といっしょに南へ旅立った。

後ウマイヤ朝の統治者アブドゥッラフマーン三世は、彼を賓客としてもてなした。そして侍医のハスダイ・イブン・シャプルトに治療を行なわせた。やがて治療は功を奏し、サンチョはすっかり体重を落とすことができた。レオン王国にもどって、めでたく王座に復したのだった。王国はアンダルスと友好条約をかわしたという。

キリスト教徒の国王がイスラームの君主の宮廷でユダヤ教徒の医師から治療を受ける。

これこそムスリム支配下のスペインの縮図にほかならない。――アンサーリーはそう記している。

三つの一神教が共存する。先の見えない現代の混迷する世界からは、とても想像できないことだが、しかし絶対に不可能であるはずはない。かつてそれは中世のスペインで実現していたのである。

では、そのスペインとはどういう場なのか。

フランスの作家アレクサンドル・デュマは言う。「アフリカはピレネーからはじまる」これは気候や風土だけを語ったものではない。そこはかつてヨーロッパの外側だった。そもそも「ヨーロッパ人にとっての」スペインとは何であったのか。

†ピレネーの向こうのエトランジェ

フランス文学の第一ページをかざるのは叙事詩『ロランの歌』である。日本で言えば『万葉集』や『古事記』にあたる古典である。その冒頭に歌う。

「カルルス王、われらの偉大な皇帝は、
まる七年のあいだスペインにあって、
高い土地を海沿いまでしたがえた。

どんな城も王の前には持ちこたえない。
どんな城壁も、どんな要塞も残らなかった。
山上にあるサラゴッサを除いては。
神を信じぬ王マルシリーがそこを治め、
マフメトを崇め、アポランをまつった」

カルルス王とはカロリング朝フランク王国のカール大帝。フランス語ではシャルルマーニュである。サラゴッサはスペイン東北部の町で、十二世紀までムスリムの支配下にあった。マルシリーの名は史料に現れない。当時のサラゴッサ総督はアル・フーサインという名である。マフメトはムハンマド。アポランはギリシア神話のアポロンである。イスラームは一神教としてはキリスト教よりもよほど厳格だが、ここでは多神教あつかいである。フランス人にとってそれは理解の外にあった。ピレネーの向こうに暮らす人々はまったくの異邦人《エトランジエ》なのだ。

シャルルマーニュは七六八年に王位を継いでから、フランク王国の領土拡大のため遠征をくりかえした。七七四年に北イタリアのランゴバルド王国を滅ぼし、北ドイツのサクソニアに兵を進めた。七七八年にイベリア半島に遠征し、七八八年には南ドイツのバイエルンを征服した。こうして北海から地中海まで、エルベ川からピレネー山脈におよぶフランク王国の版図が築かれたのである。

シャルルマーニュは八〇〇年にローマで教皇レオ三世から戴冠される。これは西ローマ帝国の復興を意味することだった。さらに学芸の復興をめざしてカロリング・ルネサンスを推進した。八一四年に没した直後から伝記が書かれ、叙事詩のなかで理想の王として描かれるようになる。中世の西ヨーロッパに君臨した偉大な王であった。しかしその輝かしい生涯のなかで汚点となったことがある。それがイベリア半島への遠征だった。

シャルルマーニュとロランのステンドグラス、13世紀、シャルトル大聖堂

†彼らは西からやって来る

フランク軍の半島出兵は、イスラーム圏内の勢力争いに乗じて行なわれた。ところがシャルルマーニュと通じようとしたサラゴッサ総督が突如寝返ったため、はかばかしい戦果もあげられないまま撤兵せざるを得なくなる。それだけならまだしも、帰還途中に背後から襲撃をくらって後衛部隊が全滅してしまった。これはアラビア語の史料にだけ出ているが、いずれにせよこの遠征が、シャルルマーニュにとって痛恨の黒星となったのは事実である。

一個部隊の全滅という椿事が出来《しゅったい》したのだ。連戦連破のフランク軍にとって経験したことのないことが起きたのである。この歴史上の事実が後世に伝えられていくうちに、一国の文学の劈頭《へきとう》に位置する叙事詩のテーマとなるまでにふくれあがった。それほどにヨーロッパ人にとって衝撃的なできごとだったにちがいない。

西ヨーロッパがはじめてイスラームという異質の世界を知ったのはスペインを通じてであった。西ヨーロッパの人々にとって、もっとも近くにあるイスラームの国は、今ならマグレブ諸国、すなわちアルジェリアとチュニジアとモロッコだが、かつてはスペインだった。オリエント原産の異邦人は西からやって来た。

十字軍に先立つ時代、紀元千年にいたる前の西ヨーロッパは、スペインを通じてイスラーム世界を知ったのである。

†ムハンマドの衝撃

イスラームはヨーロッパにとってどのような意味をもつ存在なのか。

ベルギーの歴史学者アンリ・ピレンヌが晩年に発表した論文がある。「マホメットとシャルルマーニュ」と題する短い文章である。ピレンヌはフランス語圏の出身なので、ムハンマドをマホメットとつづる。この論文が一九二二年に世に出るや、ピレンヌ・テーゼとしてヨーロッパ史研究に甚大な影響をおよぼした。およそ次のような内容である。――

古代のローマ人は地中海を生活の舞台としていた。地中海をのぞむ地域ではラテン語という共通の言葉が話され、ローマの貨幣が通用した。この海に面したところであればどこでも移動が可能であり、交易が可能であった。地中海の東側で生まれたキリスト教もこの海を足場とし、やがてその世界の中心であるローマに伝わった。精神的な意味でも、物質的な次元においても、この海によって古代のヨーロッパ世界はひとつであった。ローマ人は地中海を「われらの海」と呼んだ。

七世紀にアラビア半島でイスラームが成立すると、彼らはこの海へ向けて進出をはじめる。地中海の南側はあっという間に彼らの手に落ちた。おもだった島という島は彼らの領土となった。もはや地中海において共通の言葉、共通の貨幣が用いられることはなくなった。イスラームの侵入によって古代地中海世界のまとまりは破綻した。

それ以降ヨーロッパの人々は活動の舞台を内陸に求めざるを得なくなった。森におおわれたライン川とセーヌ川にはさまれたあたりがやがてヨーロッパの中心になっていく。そのとき地中海を舞台とした古代世界とは異質な中世世界が成立する。それはゲルマン民族の大移動よりもはるかに大きな意味をもっていた。古代から中世への真の転換期はそこにある。ヨーロッパに中世をもたらしたのはヨーロッパの外からの力であった。

シャルルマーニュの時代をヨーロッパに招来させたのはムハンマドに他ならない。——ピレンヌはそのように考えた。

イスラームこそはヨーロッパをヨーロッパたらしめる存在なのだ。イスラームという他者を通じてキリスト教ヨーロッパは自己を認識する。そのことは十一世紀の終わりごろ成立した先ほどの『ロランの歌』に早くも現れている。ヨーロッパ人にしてみればムスリムは彼らのすぐとなりにいる異邦人なのである。

ヨーロッパとイスラームとの出会いは、かつてはスペインを通じてなされた。ピレネーを隔ててイベリア半島と接するフランスにとってその意味はことさら大きい。イスラームという実体はスペインとの接触によって経験されたのである。

†聖者布教伝説

スペインはやがてキリスト教ヨーロッパに再征服される。それは長い道のりであった。キリストの弟子のひとりにヤコブがいる。スペインにキリスト教を伝えた聖者とされる。ある時代にイベリア半島でそのような伝説が生まれた。ところが、もっと古い言い伝えによれば、ヤコブはエルサレムで処刑されたことになっている。そこで半島の人々は次のような物語を語りはじめた。

ヤコブはスペインにキリスト教を伝えたあと、エルサレムへもどってその地で殉教した。聖者をしたう人々は遺骸を引き取り、海辺にあった舟に乗せると、舟は星にみちびかれ、聖者がかつて布教した土地へと向かった。

ヤコブの遺骸を乗せた舟は、地中海を西へ進み、ジブラルタル海峡を通過して、イベリア半島の西のはてに流れついた。そこから遺骸は内陸に運ばれ、現在のサンティヤゴ・デ・コンポステラの地に葬られたという。

この伝説は十世紀の終わりごろ成立している。ヤコブの墓がスペインにあるというのはもちろん史実ではない。伝説にすぎないこの話が西ヨーロッパに広まっていったのは、十一世紀からである。この年代が重要な意味をもっている。

イスラームの手に落ちたイベリア半島のなかで、北部の大西洋にのぞむわずかな地域だけがキリスト教徒の手にあった。その西のはずれにヤコブの遺骸がねむっているという伝説が生まれた。かつてキリスト教を伝えた聖者の墓は、今ムスリムに踏みにじられている。すみやかにこの地を奪回すべし。そのような意識のなかから、ヤコブのスペイン布教伝説が語り出された。

同じころ、キリストの聖地エルサレムもイスラームに奪われていた。失われた聖地を奪回しようという動きが起こる。十字軍は同じ世紀に開始された。ヤコブの信仰は十字軍と同じ時代背景のなかから生まれたのである。

中世にはローマやエルサレムとならんでサンティヤゴがキリスト教世界で最大の巡礼地のひとつになった。イスラーム社会においてマッカ巡礼がもつ意味の大きさは知られるとおりだが、ムスリムとの接触が長期にわたったイベリア半島でも似たような現象が起きた。サンティヤゴ巡礼がさかんになったのはマッカ巡礼の影響が考えられる。

ヤコブの聖地にいたるまでいくつもの巡礼教会に立ち寄りながら歩いて行く。一方で、ハッジと呼ばれるマッカ巡礼とズィヤーラと呼ばれる各地の聖廟参詣とは、イスラームの教義の上では厳密に区別されている。ところが実際は、いくつもの聖廟を参詣しながら旅をつないでマッカにいたる。それもムスリムの慣習として行なわれてきたのである。

†物語が語り出される道

人々はかたや東へ東へと向かい、かたや西へ西へと向かった。紀元千年を過ぎたヨーロッパは、大きく動きだした。

ヤコブの遺骸が眠るサンティヤゴに向かって、異教徒討伐のための軍隊が派遣され、その墓に詣でる巡礼がさかんに行き来するようになる。

ヤコブが馬にまたがり剣をふりかざす像がある。ムスリムを退治する姿である。異教徒を追い出し、スペインをキリスト教徒の手にふたたび奪い返すため、みずからが騎士となって戦いをいどむ。そういう聖者の像がたくさんつくられた。

それとならんで巡礼姿のヤコブ像もつくられるようになる。聖者みずからが杖を手にして歩く姿である。自分の墓があるヨーロッパのさいはての町まで、ヤコブ自身も向かっている。人々は巡礼姿の聖者にしたがい、聖者とともにサンティヤゴをめざした。

『聖ヤコブの書』12世紀写本、サンティヤゴ大聖堂

サンティヤゴ大聖堂にはヤコブ信仰の根本史料ともいうべき十二世紀の写本が伝わっている。ラテン語で書かれたかなり大部なもので、『聖ヤコブの書』と呼ばれる。内容は聖者に関するさまざまな伝承の集成である。聖者がスペインにキリスト教を伝えたという物語もそこにある。サンティヤゴ大聖堂の建立の歴史、巡礼の道の案内、巡礼者が体験した奇跡の数々が記され、聖者にゆかりある日に教会で行なわれる説教や賛美歌が収められている。

フランク王国のシャルルマーニュもこの書物に登場する。

現在のドイツとベルギーの国境近くのアーヒェンに王の宮廷があった。あるとき夢に聖者が現れた。異教徒に踏みにじられている自分の墓を奪い返すよう命じたのである。王は大軍を率いてアーヒェンを出発した。

聖者は夜空いっぱいに星の道をこしらえて、王の軍隊をサンティヤゴへと導いた。それが天の川だという。スペインでは今も天の川を「聖ヤコブの道」と呼んでいる。

なんと天の川はキリスト教軍がイスラームを討伐するために、聖者が夜空にこしらえた道だったのだ。こうしてヨーロッパ全土をおおう壮大な伝説が、サンティヤゴ巡礼の道に沿って語り出されたのである。

物語はさらに展開する。シャルルマーニュの軍隊はイベリア半島を完全に制圧（!）したあと、ピレネーを越えてフランスにもどろうとした。そのとき後衛部隊が仲間の裏切りから全滅してしまう。先ほど出てきた『ロランの歌』と同じ話である。

『ロランの歌』は中世フランス語で語られた叙事詩だが、ラテン語の異本もいくつか伝わっており、そのひとつが『聖ヤコブの書』のなかに含まれている。

†旗じるしのかげで

中世フランス語による『ロランの歌』の写本もいくつか伝わる。フレーズの末尾にときおりaoiという語が現れる。ここでレゾナンスと呼ばれる脚韻が変わるので、語りの合図ではないかと考えられている。そこまで語ってから楽器をかき鳴らす。あるいは「語り」から「歌い」に変わるのであろう。

『ロランの歌』をはじめとする中世の騎士物語は、ジョングルールと呼ばれる旅芸人によって語りつがれ歌いつがれていった。そのいくつかはヨーロッパ中に無数にある聖地を舞台として生まれ、巡礼の道を介して各地に伝播した。シャルトル大聖堂のステンドグラスに騎士ロランの戦いを描いた場面がある。シャルトルはパリからオルレアンを経てボルドーへ向かうサンティヤゴ巡礼路上に位置している。

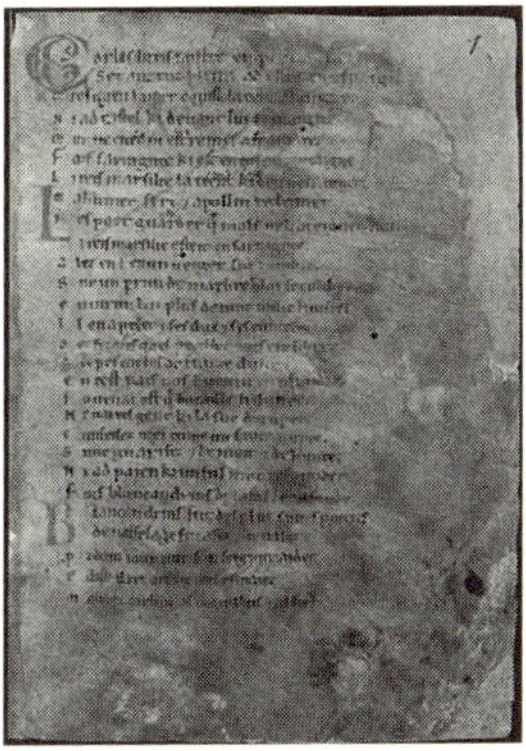
『ロランの歌』12世紀写本、オクスフォード大学ボードレイアン図書館

聖地が文学発祥の揺籃となり、さらに伝播の基地ともなった。それは文学だけではない。ロマネスク建築の教会堂が巡礼路上に建てられた。軍隊が通過したそのあとを、巡礼が歩き、石工が歩き、旅芸人が歩いていった。中世の文化が生まれ、行きかう道となったのである。

サンティヤゴ巡礼は世紀を追うごとに活

発になった。そして十五世紀の終わりにイベリア半島の再征服が実現した。

今もスペインを旅すると、あちこちでイスラームの壮麗な建物を見かける。グラナダのアランブラ宮殿、コルドバのメスキータ、セビリヤのヒラルダの塔などが有名だが、スペインにはそれとならんでユダヤ教の建物もたくさんある。

イスラームというと私たちは排他的な印象をいだいてしまう。しかし中世のスペインではそうではなかった。ムスリム支配のもとでかなりの数のユダヤ教徒が平和に暮らしていたのである。

ところが、キリスト教徒がイベリア半島からムスリムを駆逐したとき、スペイン国王の名において、ユダヤ教徒までもがいっしょに追放されてしまう。サンティヤゴ巡礼は失地回復を旗じるしにかかげ、十字軍とともにヨーロッパ中をふるいたたせた運動だった。そのかげで寛容の時代は過ぎ去り、不寛容の時代がはじまろうとしていた。

第七章

不寛容がはじまる

——離散の民の心の空洞

†追放された者たちの歌

「ラケルは踊る」という歌がある。セファルディのロマンセのひとつである。

俗語による物語風の伝承歌謡をスペインではロマンセと呼ぶ。四行詩のみじかい歌詞を同じ旋律に乗せ、何度もくりかえし歌っていく。曲を作ったのはセファルディと呼ばれる人々である。イベリア半島から追放されて離散したユダヤ人をさして言う。歌詞は次のとおりである。

「ラケルは踊り、
モショニコが歌う。
ふとったネズミども、
やつらが手をたたく」

これだけの歌詞である。古いスペイン語で歌われる。歌にあわせて人々は踊った。

イベリア半島の大部分は八世紀からイスラームによって支配された。キリスト教徒によるレコンキスタすなわち失地回復の動きは、十字軍がはじまる時代、十一世紀からさかんになり、世紀を追うごとに攻勢になっていく。十五世紀の終わりにイスラームの最後の砦であったグラナダが陥落し、半島再征服が実現した。

八百年近くにおよぶイスラーム支配のもとで、かなりの数のユダヤ人がイベリア半島に暮らしていた。それは穏やかな時代であった。ところがキリスト教徒がムスリムを駆逐したとき、スペイン国王の名のもとにユダヤ人までがいっしょに追放されたのである。セファルディが口伝えで伝えてきた哀感に満ちた歌の数々が、北アフリカの地中海沿岸やヨーロッパの各地に残っている。彼らの末裔が伝えるロマンセのひとつが「ラケルは踊る」である。

アンサンブル・アチェントスが一九九六年に録音した演奏がある。中世スペイン音楽をレパートリーにするウィーン在住の音楽家集団である。ナクソス社のCDで聞くことができる。

そこでは、この四行詩のメロディーが十回くりかえされている。かなり遅いテンポで歌い出され、徐々に速さを増していく。四回目のくりかえしの時、弦楽器の伴奏に笛が加わる。せつないような笛の音のはじまるあたりが、おそらくこの曲のオーソドックスな速度だろうか。歌にあわせて踊るのであれば、このあたりがふわしい。歌がくりかえされるのは六回目までである。ここからは速すぎて歌がつけられなくなる。

やるせなく、けだるくはじまったメロディが、何度も何度もくりかえされていくうちに、次第に調子を速めていき、いつか狂おしいほどに感情は高まり、もうこれ以上にはできないほどの速さになったとき、パタッと終わる。

ゆえなくして故郷を追われ、身寄りも何もない異国に散り散りになった人々の心の空洞。――それは今の私たちには想像もできない。そんな異次元のかなたから聞こえてくる調べなのに、心にしみてくるのはなぜだろう。

ずいぶん前のことだが、市民講座においでの方々にこの歌を聞いていただいた。お年を召したご婦人からCDのことを尋ねられたので、タイトルとレーベルの名を紙に書いた。その後、別の講座でお会いすることができた。あれから何軒も店をさがしてやっと見つけたそうである。この曲ばかりいつも聞いていると話してくださった。

どんな人生を歩まれた方なのか存じあげない。けれどその話を聞いたとき、自分の感じ方など、どれほど取るに足りないものか思わずにはいられなかった。

†同居する寛容と不寛容

イベリア半島にユダヤ人が移住した時期は明らかではない。その存在が確認できるのは三世紀からである。五世紀に成立した西ゴート王国の時代には、すでに半島の各地で暮らしていた。王国はイスラームの侵入によって滅亡するが、それまで迫害がつづいた。キリスト教に改宗しない者は、公職から追放され、商売も禁止された。生活の手段が次第にうばわれていく。

イスラームのイベリア半島征服によって、ユダヤ人はかえって居場所を得ることができた。キリスト教徒に対してと同様に、ユダヤ教徒にも改宗は強制されなかった。半島北部のキリスト教徒の支配地からアンダルスにユダヤ人が移住するようになる。

彼らの多くは、他の地域でもそうであったように、商売や金融業にたずさわった。医術や占星術をなりわいとする者もいた。やがてムスリムとともにアンダルスの文化をになうようになる。宮廷で政治力をもった時代もあった。

十世紀にコルドバに、十二世紀にトレドに翻訳院が設置されると、ユダヤ人はムスリムとならんでその発展に重要な役割を果たすようになる。イスラーム医学を代表するイブン・スィーナーのことは福祉の章でふれたが、彼の『治癒の書』のラテン語訳にはセビーリャのフアンがたずさわった。フアンはキリスト教に改宗したユダヤ人である。その後、トレドの翻訳院ではイブン・スィーナーの医学の『典範』もラテン語に訳されている。

『アラゴンのハガダー』14世紀写本

イスラーム世界に伝わったギリシアの哲学と科学がヨーロッパにもたらされた。そのときもユダヤ人の翻訳者たちが大きく貢献している。特にアリストテレスの著作がいくつもアラビア語訳からラテン語に訳された。それが十三世紀におけるスコラ学の大成へとつながっていくのである。

ユダヤ人がムスリムやキリスト教徒と平和のうちに共存できた時間は、しかしそう長くはつづかなかった。レコンキスタが活発になるにつれ、ユダヤ人はイスラーム側かキリスト教側のどちらかと同盟するしかなくなる。やがてユダヤ人の居住区が制限されるようになった。スペインではフデリアと呼んでいる。のちのゲットーである。

ユダヤ人の離散はかならずしもレコンキスタの完了からはじまったわけではない。早くは十世紀末にまでさかのぼるという。そのころからレコンキスタの動きがはじまったためである。これはイスラーム・スペイン史研究に偉大な足跡を残したユダヤ人の学者レヴィ＝プロヴァンサルが主張したところである。

アンダルスのムスリムの王国が傾きだしていく時代である。ユダヤとイスラームの融合する学問や芸術が開花していたそのとき、すでに地中海の対岸へ向けて文化の流出もはじまっていた。寛容と不寛容が同居をはじめたのである。

†離散した人々の群れ

イベリア半島におけるイスラーム支配に終止符を打ったグラナダの陥落後、ムスリムは大挙してアフリカ北岸へ引きあげていった。居場所がなくなったのはユダヤ人である。一四九二年三月、レコンキスタを達成したカスティーリャ王国とアラゴン王国のふたりの王は、キリスト教に改宗しないすべてのユダヤ人を半島から追放するよう命じた。

当時二十五万を数えたと言われる半島全土のユダヤ人のうち、約五分の一はキリスト教に改宗してその地にとどまった。なかにはマラーノと呼ばれた偽装改宗者も少なくなかった。隠れユダヤ教徒である。マラーノとはスペイン語で豚のことである。

大多数のユダヤ人はムスリムと同じようにアフリカの地中海沿岸にのがれた。そこからオスマン帝国の版図だったバルカン半島やアナトリア（小アジア）へ移住した人々もいた。ユダヤ民族の離散を言うとき用いられるディアスポラという言葉は、ギリシア語の動詞スペイロが語源である。「散らす」ことを意味する。歴史的にはバビロン捕囚以後のユダヤ人離散をさすことが多いが、それ以前にも以後にもあった。ユダヤ人以外にも用いられるが、やはりユダヤ人の離散を言うのが普通である。あるいは離散したユダヤ人自身を、さらには放浪の末に居留した土地をさして言うこともある。

ユダヤ民族の離散、15世紀写本

ヨーロッパにおけるディアスポラの流れは大きくふたつに分けられる。

ひとつはアシュケナジである。

その起源については諸説紛糾だが、九世紀ごろイタリアからの大量の移住者がライン川流域のラインラント地方に定住したとされる。彼らはイディッシュという言語を用いた。ドイツ語の方言にヘブライ語が混成したもので、「ユダヤ語」を意味する。

ヨーロッパの学問や芸術にアシュケナジが寄与したものの大きさは計り知れない。それでもたびかさなる迫害のあげくに、彼らもまた周辺の国々へ離散していった。ポーランドやロシアのスラブ語圏に移住したのが大きな流れである。移住先でも迫害はくりかえされた。ロシアではこれをポグロムと呼んでいる。映画やミュージカルで知られる『屋根の上のバイオリン弾き』はその物語である。さらに二十世紀のホロコーストをへて、アシュケナジの多くはパレスチナやアメリカへ移っていった。

もうひとつがセファルディである。

†文化の持続か、変容か

イベリア半島に移住したユダヤ人は、ムスリムのもとで自分たちの文化を失わずに暮らしていた。やがてレコンキスタによってイスラームの支配する地域が縮小していくと、キリスト教徒のもとでユダヤの伝統を維持していこうとした。

彼らはユダヤ教の宗教文献を翻訳するために、スペイン語をもとにしたラディーノ語をつくりだした。名前の由来は「ラテン語」を意味するラティーノである。アシュケナジのイディッシュに対応するものとして、セファルディの言語をこの名前で呼ぶことがある。しかしこれは翻訳のための文章語である。日常で用いられたものではない。彼らの歌によって知られる言語は、近世のスペイン語によほど近いと思う。

一四九二年の追放令によって離散したユダヤ人の子孫は、北アフリカからバルカン半島へ、あるいはアナトリアへ移住した。一方、マラーノと疑われながらも半島にとどまった人々も、一世紀のちにはヨーロッパ各地の都市に逃避するしかなかった。まとまった数の移住があったのは、初期にはアムステルダム、ロンドン、ハンブルクなどであった。

ヨーロッパの文化に寄与した点では、セファルディは少数ではあったが、アシュケナジとならぶ存在だった。彼らの活躍なしにヨーロッパの学問や芸術はどれほどのものを築けたであろうか。金融や経済の世界でも同じことが言える。それだけの足跡を残しながら、しかし彼らはいつも追われていく。

このふたつの流れに属する人々は、ユダヤ教の継承という点ではなんら変わるところがない。彼らの宗教生活の基盤には、ユダヤ教の口伝の教えを集大成したタルムードが根をおろしている。しかし住みついた先の土地の習慣に引きずられていくことも、またやむを得なかったろう。自分たちの文化を維持しつつも、いつしか異国の文化になずんでいった。日常の語彙や衣食の習慣が異なっていく。祈りの言葉の読み方や抑揚が異なっていく。両者が同じ都市に住んでいても、礼拝に通うシナゴーグは別々であったりする。

音楽や舞踏も例外ではない。まったく異なる環境に移植されたセファルディの伝承曲が、もとの姿から隔たっていくこともあったろう。言葉や旋律はたえず変容しつづける。そうなると、イベリア半島で歌われていたころの形がどこまで純粋に保たれているのか、確実なことは言えなくなってしまう。

†学芸への愛好と寛容と

穏やかな暮らしが営まれていた時代にもどってみたい。

イベリア半島のなかほど、現在のマドリッドを中心としたあたりにカスティーリャ王国があった。十三世紀に王位にあったアルフォンソ十世は、「賢者アルフォンソ」と呼ばれるほどに学芸を重んじた。王のもとにはピレネーのかなたからも学者や詩人や音楽家が招かれた。ムスリムやユダヤ人も少なからずいた。

王は法律や歴史や天文学の本を著した。チェスの本も著している。そして『聖母マリアをたたえる歌《カンティーガ》』という一大歌集をまとめた。みずから作詞作曲した歌や各地から集めた歌が全部で四百二十曲ある。王はみずから「聖母の吟遊詩人《トロバドール》」を名のったほどだから、相当な熱の入れようだった。

『聖母マリアをたたえる歌』13世紀写本

『聖母マリアをたたえる歌』に収められた「カスティーリャとレオンの歌」は、カスティーリャと隣接するレオンとの連合王国にちなむ四十五の歌である。歌による町めぐり、教会めぐりといったおもむきを持った歌集である。

バリャドリドの町の名がついたそのひとつは、歌集のなかでもかなり長いもので、アルフォンソ十世の自叙伝とも言える内容である。バリャドリドはマドリッドの北西にある古い町である。王はこの町で重い病にかかった。病が癒えたのは聖母マリアのとりなしのおかげだった。それに感謝してささげられた歌である。「恩恵に感謝するのは大切なこと」というリフレインをはさみながら、王の生涯における起伏に富んだできごとが朗々と語られていく。せまらないその調べは、あたかも琵琶法師が弦をかき鳴らしながら、歌いつつ語りつつ物語を連ねていくようである。エドゥアルド・パニアグア楽団の演奏がある。イスパニカのCDで聞くことができる（日本版の解説冊子は濱田滋郎氏による訳詩を付載する）。

バリャドリドの歌の歌詞は半島北西部のガリシア方言で書かれている。これは文字で見ればポルトガル語に近い。のちの標準スペイン語になるカスティーリャの言葉にくらべて、いくらか響きはやわらかい。そうした歌の数々にはまた、イスラーム音楽の香りも色濃くただよっている。

学芸への愛好と、そして寛容の心にあふれた環境のなかで、ユダヤ人たちもまた、アラビアの旋法やスペイン語の詩をとりこみながら彼らの歌をはぐくんできたのであった。

†故国喪失者の遺産

イベリア半島のユダヤ人はタルムードの研鑽とともに、詩作や作曲をさかんに行なった。イスラームの詩と音楽はユダヤ文化にも深い影響をあたえつづけた。新しく生みだされた宗教詩がユダヤ教徒の祈禱書を満たしていく。そのいくつかは今なお北アフリカのセファルディのあいだで歌われている。離散していった先々でも、彼らはイスラーム文化につちかわれたアンダルスの詩と音楽を伝えていったのである。

現代イスラエルを代表するユダヤ音楽研究者のアムノン・シロアは主張する。セファルディの伝える歌の数々は、かつてイベリア半島で生まれ地中海周辺に伝えられた、遠い昔のイスラーム・スペイン風ユダヤ音楽の残照にほかならない。そのことを理解するためには、イスラームの伝統とユダヤの伝統に親しむだけでなく、中世スペイン音楽の伝統にさかのぼってみることも大事だという。

セファルディの伝承曲を中世のロマンセからの直系として捉えることはひとつの課題である。スペイン文学史のなかでは、ロマンセの成立は十四世紀の後半とされている。ユダヤ教徒の追放に先立つ時代である。彼らの遺産はロマンセの研究にとっても重要な史料となっている。

イベリア半島にいたユダヤ人がどういうきっかけでロマンセを歌いはじめたのか、また半島を追放された後でさえなぜそれを歌いつづけたのか。これは重要な問いだと思う。

ロマンセの伝承者は遍歴する旅の音楽師であったと考えられている。中世のキリスト教世界で世俗音楽にたずさわってきたのは、スペインでトロバドールと呼ばれ、フランスでトゥルバドゥールと呼ばれる詩人たちである。また、スペインでフグラールと呼ばれ、フランスでジョングルールと呼ばれる旅芸人たちであった。十三世紀に南フランスで活動したトゥルバドゥールの記録が残っており、そのなかにユダヤ人もいたことが知られている。こうした事実は、セファルディ・ロマンセの伝承者をたどるうえで貴重な示唆をあたえてくれる。

セファルディが伝える音楽のジャンルは多彩である。

『聖母マリアをたたえる歌』13世紀写本

中世の騎士物語を長大な詩節でつづった叙事詩もある。子守歌のような生活の歌をイスラーム風の旋律にのせた曲もある。シナゴーグにおける典礼の場で用いられ、ユダヤ教の祝日に歌われたもののもある。

わずか四行の詩を同じ旋律にのせていくロマンセには、かろやかな物語風の歌も多い。

セファルディの世界では宗教音楽と世俗音楽がかならずしもはっきりと分かれていない。世俗歌謡の旋律が典礼に取り入れられることもめずらしくなかった。これはたとえばプロテスタント教会のコラールにもしばしば見られる事実である。

そうしたセファルディの音楽のなかでも、やはりロマンセは歴史も古く、ゆたかな様相を示している。旧約聖書にちなんだ話が歌詞に登場したりする。それが古いスペインの言葉で歌われる。このことがユダヤ音楽のなかでもきわだった特徴となっている。「ラケルは踊る」はその典型と言ってよい。

†ラケルという女性像

ラケルはユダヤ人女性の名としてはありふれた名である。ヨーロッパの言語ではしばしば口語表現として「ユダヤ女」の意味で集合的に用いられる。

ラケルの名は旧約聖書に登場する。ユダヤ人にとっては旧約聖書に語られたラケルのイメージがすぐに思い出されるにちがいない。そこにあるのはユダヤ民族の悲しみを嘆く母の姿である。もともとラケルが登場する「創世記」の物語には嘆きの母というイメージはなかった。それが時代の流れのなかで、いつしか民族の悲しみを背負う女性へと変貌していくのである。

モーセに現れた神はみずから名のる。「出エジプト記」に言う（三・六）。「私はあなたの先祖の神、アブラハムの神、イサクの神、ヤコブの神である」と。ユダヤ民族の先祖はアブラハムと彼の子イサク、さらにその子のヤコブである。そしてヤコブの妻がラケルであった。ラケルはユダヤ民族の母ということになる。

アブラハムの子イサクにはふたりの子があった。弟のヤコブは母レベッカとたくらんで兄のエサウを出し抜き、父イサクから後継ぎとなる約束をとりつける。レベッカはエサウの報復を恐れて、ヤコブを伯父のラバンのもとへ逃がした。ラバンにはふたりの娘があったが、ヤコブは妹のラケルを愛するようになる。やがてラケルをめとって伯父のもとで羊飼いをなりわいとし、ひとり立ちできるまでになってから故郷へ向けて旅立った。

その道すがらヤコブは神から祝福を受け、これからはイスラエルと名のるように命じられた。「神が守りたもう人」という意味である。アブラハム、イサク、ヤコブを先祖とするユダヤ民族はイスラエルと呼ばれる。二千年ものあいだ祖国を失っていた彼らは、故郷のパレスチナにふたたびイスラエルという国を建てた。その国名は、神からたまわったヤコブの新しい名にもとづいている。

ヤコブは十二人の子をもうけた。彼は十一番目の子ヨセフを誰よりもかわいがり、ゆくゆくは後継ぎにしたいと考えた。他の子どもらはこれをねたんで、ヨセフをエジプト人に売りとばした。獣に食い殺されたと父には告げる。「創世記」に言う（三七・三四）。「そこでヤコブは衣を裂き、荒布を腰にまとって、いく日ものあいだ子のために嘆いた」

エジプトに売られたヨセフは、もちまえの賢さと夢解きの不思議な力のおかげで、いつしかエジプトの王に重用されるようになる。パレスチナが飢饉に襲われたとき、イスラエルの民はヨセフを頼ってエジプトに移住してきた。それから長い年月が流れ、奴隷にまで落ちぶれた民族の末裔が、モーセにひきいられてエジプトを脱出する。その物語はここからはじまった。

さきほど「創世記」に語られていたのは、愛する息子ヨセフが殺されたと思いこんでヤコブが嘆き悲しむ場面であった。ここには母親のラケルは登場しない。ところがこの伝承が時を経るうちに、父親から母親へと役割が交代していく。ユダヤ民族の意識のなかで、嘆きの主体が父ヤコブではなく母ラケルに変わっていくのである。

†民の運命を嘆く母

ユダヤの国は紀元前十世紀のソロモン王の時代に全盛期をむかえるが、やがて王国は分裂し、北のイスラエル王国はアッシリアに征服される。南のユダ王国は、ついで起こった新バビロニアに滅ぼされ、紀元前六世紀に住民の多くがユーフラテス河畔のバビロンに強制移住させられた。ユダヤ民族を襲ったバビロン捕囚というこの未曾有の危機の時代に現れて、神の言葉を伝えたのが預言者エレミヤである。旧約聖書「エレミヤ書」は語る（三一・一五）。

「主はおおせられる。ラマに声が聞こえる。嘆きと悲しみの声が。ラケルは子らのために泣く。彼女は慰められることなど望まない。子らはもういないのだから」

エレミヤの眼前にあるのは、新バビロニア軍の包囲を受けてエルサレムが陥落し、ユダヤ民族が異国に連行されていく現実である。そのときエレミヤはラケルの墓があるラマの近くにいた。その地にあって、故郷を追われていくユダヤ民族の運命を思っていた。

ラマはエルサレムの北に位置する。ラケルの墓は「創世記」によれば、エルサレムではなくベツレヘムの近くにあったとされる。ラケルは十二番目の子ベニヤミンを産んだあと命を落とした。「ラケルが亡くなり、エフラタ、すなわちベツレヘムへ向かう道のかたわらに葬られた。ヤコブはその墓のうえに石を立てた。それはラケルの墓として今も残っている」という（三五・一九～二〇）。エフラタはベツレヘムの古い名である。

ラケルがエフラタの近くで葬られたことは夫のヤコブも語っている。同じく「創世記」には、ヤコブが亡くなる前に息子のヨセフに告げた言葉が記されている。「ラケルはカナンの地に向かう旅路にあって、エフラタにたどり着くずっと手前で亡くなった。そこで私はエフラタ、すなわちベツレヘムへ向かう道のかたわらにラケルを葬ったのだ」とある（四八・七）。ヤコブは妻の墓に葬られたかったのか。……それはともかく、この箇所は旧約聖書のなかでも資料的に古い層に属すると考えられている。

これに対し「サムエル記」には、「ベニヤミンの領地のツェルツァにあるラケルの墓」という言葉が見える（上一〇・二）。エレミヤはこれにしたがったらしく、この場所が彼の言うラマにあたる。

それにしてもラケルが「子らのために泣く」とあるのはなぜか。「子ら」と複数になっているが、死んだと勘違いしたのは息子のヨセフひとりである。しかも「創世記」の物語では嘆いているのは父ヤコブであった。やがて嘆く主体が父親から母親へと変わっていく。すでにエレミヤが生きたバビロン捕囚の時代には、ラケルは悲しみにうちひしがれる嘆きの母として人々に理解されていた。

ここに記された「子ら」とは、ユダヤの民すべてのことであろう。悲惨な境遇に落ちていくユダヤの民が、ラケルの子孫であることはまちがいない。かくして、民族の悲劇を一身に背負った女性というイメージができあがっていく。

セファルディのロマンセに歌われているのは、まさしくそのラケルに他ならない。

†生活のなかに歌がある

モーセにひきいられてエジプトを脱出したユダヤ民族は、海の底をわたってファラオの軍隊の追撃をのがれた。人々は神のなしたもうた奇跡をたたえて歌をうたった。「出エジプト記」によれば、そのとき「女預言者ミリアムはタンバリンを手にとり、女たちもみなタンバリンを手にとって踊りながら、そのあとにしたがった」という（一五・二〇）。

ユダヤでは古くから讃美の歌に打楽器と舞踏が加えられていた。しかもそれをになっていたのは女性であったことに注意したい。「エレミヤ書」は、「乙女イスラエルよ」と呼びかけ、「あなたはふたたびタンバリンを手にとり、喜ぶ人々の踊りの輪に入っていく」と語っている（三一・四）。エルサレムの神殿において行なわれた礼拝音楽においても、弦楽器や管楽器が伴奏に用いられ、歌は踊りをともなうものだった。「詩篇」は歌う（一五〇・三〜四）。

「角笛を吹きならし、主をたたえよ。竪琴と琴をかなで、主をたたえよ。タンバリンをたたき踊りながら、主をたたえよ。弦を鳴らし笛を吹いて、主をたたえよ」

今、私たちは詩を読むように「詩篇」を読んでいるが、かつてそれは歌うものであった。エルサレムの神殿で人々は声高らかに神を讃美し、楽器の伴奏にあわせて踊り、救いの喜びを体で表現したのだろう。そして神殿崩壊後のユダヤ教のシナゴーグにおいても「詩篇」を歌い、歌いながら踊るという習慣はつづけられたにちがいない。

ユダヤ教の神殿でも後世のシナゴーグでも男女の席は分けられており、儀式のときは男性だけが歌った。東ヨーロッパやロシアのアシュケナジのうち、ハシディと呼ばれる敬虔派ユダヤ教徒のシナゴーグでは、ハザンと呼ばれる合唱長が「詩篇」や讃歌の朗唱を先導した。プロテスタント教会でいうカントールの役目をはたしていた。

しかし、中世のスペインではおそらく事情はちがっていた。女性が歌い、踊ったのである。

『ロートシルト・ハガダー』15世紀写本

セファルディの日常生活は、今なお祈りの歌から祝いの歌までさまざまな音楽にいろどられている。とりわけ結婚式の祝いの歌は重要である。ユダヤの人々は結婚式を一生のなかでもっとも神聖な日のひとつと考える。それはたんなる祝宴にとどまらない。主なる神に向けられた厳粛な儀式である。そのような場で、弦楽器のウードやタンバリンの伴奏で会衆が声をあわせて歌い、踊りが披露される。

長い口承の習慣によるのか、セファルディの歌はもっぱら女性の独唱というかたちで受けつがれてきた。それが口承ならではの生彩ある表情をともなって歌われる。つぶやくように、ささやくように、喉をつまらせるように、声を振りしぼるように歌われるのである。

民族の精神的な危機

ドイツの社会学者マックス・ヴェーバーは『古代ユダヤ教』のなかで、ユダヤ民族をまるごと一つの賤民として捉えた。それはインドのカーストのような社会階層のなかでの賤民階級を意味するのではない。民族そのものが賤民であったというのである。あるいはむしろ、賤民と呼ばれる民族になったのだという。一民族が二千年以上ものあいだ賤民という境遇に置かれ、精神的な危機を経験しつづけてきた。どうして彼らが歴史のなかでそのような民族になっていったのか。そうした世界史上の問いが提示されたのである。

歌や踊りは、今の私たちの生活のなかではおおむね趣味の領域に属することである。しかしある民族にとっては、眼前に立ちはだかる危機を克服していくための手段のひとつでさえあった。その価値と可能性はそれほどに大きなものであった。

二十世紀になってイスラエル国家が再建され、さまざまな種類の音楽が生みだされていくなかに、各地のキブツで歌われたフォークソングがある。初期のキブツは農業共同体というだけでなく、新国家建設という信念に支えられた組織であった。そこを舞台とした新しいフォークソングは、人々がグループになって踊るダンスをともなっていた。

離散ユダヤ人の文化が新興国家に移入されるにあたって決定的な影響をおよぼしたのが、バルカン半島のフォークダンスである。民族衣装で着飾った大勢の男女が輪になり、快活なリズムにのって踊る。ルーマニアではホラと呼ばれ、ブルガリアではホロ、セルビアではコロと呼ばれた。その源流はアシュケナジの敬虔派ユダヤ教徒によるハシディック・ダンスにあるとされる。瞑想のはてに恍惚状態の舞踏へといたる宗教実践の一形態であった。これがバルカン半島にいたセファルディによってパレスチナにもたらされた。

そうした新たな舞踊創造の最初期に登場したのが、「ハヴァ・ナギラ」や「マイム・マイム」である。いずれも今ではフォークダンスのスタンダード・ナンバーとされるほど普及した曲である。

「ハヴァ・ナギラ」はやはりハシディック・ダンスがもとになっている。東ヨーロッパのゲットーにおいて開花したという。神の来臨を求める熱烈なまでの礼拝の実践が、いつしか恍惚へと高まり、パッシブな舞踏表現に結びついたのである。

†喜びをもって水を汲む

「マイム・マイム」もユダヤのフォークダンスの典型である。

歌詞は旧約聖書の言葉からとられている。「イザヤ書」に、「あなたがたは喜びをもって、水を救いの泉から汲む」とある(一二・三)。水はヘブライ語でマイームという。それにつづけて、「水、水、水を、喜びをもって」という言葉がくりかえされていく。

パレスチナでは年間降雨量が五十ミリにも満たないところがある。乾燥地域に暮らす人々にとって水源を得ることは死活問題である。井戸というものの存在価値は、水にめぐまれた私たちの想像を超えているが、その確保はたいへんな喜びだったにちがいない。

紀元前二世紀に成立した旧約聖書第二正典の「シラ書」には、「生きるためになくてはならないもの、それは水とパンと衣服、そして身をよせる家」とある(二九・二一)。そこで生活必需品の最初にあがっているのが水である。

「創世記」には、「イサクのしもべらは谷間を掘って、水のわき出る井戸を掘りあてた」とある(二六・一九)。わき出る水は「生ける水」と呼ばれる。それは命(ヘブライ語でハイイーム)をもたらす水(マイーム)であり、主なる神(エロヒーム)があたえてくださるもの。これらの言葉が次々と連想を呼び起こしていく。彼らにとって水は命のみなもとであり、神の救いの象徴でもあった(前島誠『不在の神は〈風〉の中に』春秋社、二〇〇五年)。

同じく「創世記」には、「アブラハムのしもべは夕方、女たちが水を汲みに出てくるころ、町の外の井戸のそばでラクダを休ませた」とある(二四・一一)。蒸発をふせぐために、井戸水の汲みあげは夕方に限られている。しかもそれは女性の仕事であった。男たちが井戸を掘る。女たちが水を汲む。そうやって古代のユダヤ民族は、井戸をかこむ生活を営んできた。

先ほど引用した「イザヤ書」では、泉を意味するアインという言葉が複数形で用いられている。井戸を意味するベエルではない。「生ける水」がわき出す泉は、旧約聖書の原文では井戸とは区別されている。しかし「マイム・マイム」のなかでは、むしろ井戸として想定されているようである。

†わきあがる水への讃歌

「マイム・マイム」のダンスは、手をつないで輪をつくり、まわりながら中央に寄っていく。前にかがめた体を少しずつ起こしていき、つないだ手を大きく上にあげる。まんなかに井戸があり、わきあがる水に歓喜するという想定であろう。ふたたび輪をひろげて手をさげていき、まわりながら同じ動きを何度もくりかえしていく。まさしくそれは尽きることのない水への讃歌である。旧約聖書の「民数記」には、井戸から水がわきあがる喜びが次のように語られている(二一・一六～一八)。

「これは主がモーセに、「民を集めよ。私は彼らに水を飲ませよう」と告げられた井戸である。そのときイスラエルは歌をうたった。「井戸よ、わきあがれ。人々よ、この井戸に向かって歌え。笏《しゃく》と杖《つえ》をもって、つかさたちがこの井戸を掘り、民の長たちがこれを掘りさげた」」

二千年前に故国をうしなって以来、ようやくパレスチナの地に帰ることができたユダヤの人々は、農業共同体を組織して用水溝をつくり、ガリラヤ湖から水をひいて砂漠を緑地化した。そのなかで水源を掘りあてて喜ぶさまは、おそらく旧約聖書の時代となんら変わるものではなかったろう。「水、水、水を、喜びをもって」と歌いながら、みんなで井戸に向かって駆け寄っていき、歓喜のなかでともに生命の水を汲みあげる。そうした情景が「マイム・マイム」に表現されている。

このフォークダンスが普及したのは、全世界に離散していたユダヤ民族がシオニズム運動によって現在のイスラエルの地に続々ともどってきた時期にあたっている。遠い先祖がかつて暮らした土地で、彼らは羊を飼い、湖で漁をし、葡萄を摘み、小麦を刈り入れる。そうした労働の苦しみと喜びとを表現した舞踏がいくつも生まれ、旧約聖書にちなむ祝祭日の舞踏も次々と復活していった。

†いつか自由の民となって

「ヘヴェヌ・シャローム・アレイヘム」という歌がある。
「あなたがたみなに平和を」というこの言葉だけをくりかえし歌う。

シャロームは「平和」を意味する。旧約聖書に頻繁に出てくる言葉である。神の御旨《みむね》のままに世界の秩序が保たれている状態を言う。そこには繁栄があり幸福がある。地上の安定があり心の安定がある。古くから挨拶の言葉であり祝福の言葉であった。今もイスラエルでは、この言葉ひとつで「こんにちは」にも「さようなら」にもなる。

シャローム・アレイヘムは「あなたがたに平和を」という意味である。もっぱら別れの挨拶に用いる。シャロームはアラビア語ではサラーム。挨拶をかわすときの「アッサラーム・アライクム」は、ヘブライ語のシャローム・アレイヘムと同じ意味である。ユダヤ人の挨拶をムスリムも取り入れた。ムスリムは出会いにも別れにも用いている。

大学でレクリエーションを専門に研究している同僚の先生に教えていただいた。イスラエルの歌「ヘヴェヌ・シャローム・アレイヘム」は、アメリカでも日本でもキャンプファイヤーの最後に歌われるそうである。また来年、同じ場所で再会することを約束して歌われる。

「また会おう。それまで元気で」――そんな思いをこめて。

しかしユダヤ人にとって、別れの歌のもつ意味はいつも同じではなかったろう。

「もう会えない。けれど元気で」――それが現実だった。

おたがいどこへ逃れて行くのかわからない。どこに住む場所を見つけられるのかもわからない。この地上のどこかにはちがいなかろう。でも、いつかまた会えると約束することはできない。もうこの世で会うことはないかもしれない。彼らにとって別れの歌にこめられた思いはちがっていた。それはもはや過去のことなのか。

最後にイスラエルの国歌もぜひ聞いてみたい。

国歌にもさまざまあれど、短調の国歌はめずらしい。悲壮な国歌はもっとめずらしい。たとえば、フランスの国歌「ラ・マルセイエーズ」には勇壮で華やかな響きがある。映画の『レ・ミゼラブル』で民衆が銃を手にして立ちあがった。そんな場面にふさわしい。

イスラエルの国歌はどうだろう。暗い出だしだ。暗いままで盛りあがっていく。最後は壮大なフィナーレとなって閉じられる。苦しみに満ちた歩みの向こうに、わきあがり、こみあげてくるものがある。

国歌のタイトルはヘブライ語で「ハティクヴァ」という。その意味は「希望」である。彼らは希望をいだいている。歌はこのように閉じられる。「自由の民となって、シオンとエルサレムで暮らすことを」——彼らは二千年のあいだ、その夢をいだきつづけてきたのだ。

あとがき

東アジアの宗教について本にまとめたことがある。まったく異なる成り立ちを持つ儒教と仏教と道教が、東アジアというひとつの場で溶けあい、境目もなく混ざりあっている。それが宗教の現実の姿ではないかと考えた。その際に、ひとつひとつの宗教を別々に見るのではなく、複数のものをひとつの視点からながめてみた。そうすることで見えてくるものがあるのではないかと期待したのである。

ユダヤ教とキリスト教とイスラームの場合には事情は正反対である。同じ成り立ちを持つものが溶けあうことなく場をたがえている。決して混ざりあわない。そこに三つの宗教の本領がある。たがえた場から何が生まれてきたか。聖戦の思想。福祉の実践。平等の理念。寛容と不寛容。——それらの成り立ちと宗教ごとの差異を探ってみた。そうした差異を越えてなおも共通するものがあるかどうか考えてみた。

全体としてイスラームの話が多くなった。理由といえば大げさだが、一神教を理解するためには、その最終的な完成形態から見わたすことがひとつの有効な視点になるかもしれない。私たちにとってなじみのうすいユダヤ教やイスラームからアプローチしてみれば、いくらかなじみのあるキリスト教についても、意外な角度から見えてくることがきっとあるだろう。

宗教を理念として捉えるだけでなく、歴史のなかで具体的に現れたものがやはり大事ではないか。戦争や迫害の話だけでなく、病院や赤ちゃんポストの話もある。シャネルやガウディも出てくる。モハメッド・アリまで出てくる。この本を手にとってくださる方には、どうか支離滅裂だとあきれたりなさらずに、これもみな一神教にかかわるのかと、たまげながらご覧いただくことができたらありがたいと思う。

南フランスの神学校でカトリック神学を学んでから三十年近くが過ぎた。道草ばかり食ってしまい、肝心なことを何ひとつしていない。少しだけそれにかかわるものを書くことができた。新書編集部長の永田士郎さんのおかげである。心からお礼を申しあげたい。

二〇一三年九月

菊地章太

ちくま新書
1048

ユダヤ教《きょう》 キリスト教《きょう》 イスラーム
——一神教《いっしんきょう》の連環《れんかん》を解《と》く

二〇一三年一二月一〇日 第一刷発行
二〇二五年 二 月 五 日 第五刷発行

著者 菊地章太（きくち・のりたか）
発行者 増田健史
発行所 株式会社 筑摩書房
東京都台東区蔵前二-五-三 郵便番号一一一-八七五五
電話番号〇三-五六八七-二六〇一（代表）
装幀者 間村俊一
印刷・製本 三松堂印刷 株式会社

ISBN978-4-480-06754-8 C0214

ちくま新書

589 デカルト入門　小林道夫
デカルトはなぜ近代哲学の父と呼ばれるのか？　行動人としての生涯と認識論・形而上学から自然学・宇宙論におよぶ壮大な知の体系を、現代の視座から解き明かす。

666 高校生のための哲学入門　長谷川宏
どんなふうにして私たちの社会はここまできたのか。「知」の在り処はどこか。ヘーゲルの翻訳で知られる著者が、自身の思考の軌跡を踏まえて書き下ろす待望の書。

695 哲学の誤読 ――入試現代文で哲学する！　入不二基義
哲学の文章を、答えを安易に求めるのではなく、思考の対話を重ねるように読み解いてみよう。入試問題の哲学文を「誤読」に着目しながら精読するユニークな入門書。

740 カントの読み方　中島義道
超有名な哲学者カントは、翻訳以前にそもそも原文も難しい。カントをしつこく研究してきた著者が『純粋理性批判』を例に、初心者でも読み解ける方法を提案する。

776 ドゥルーズ入門　檜垣立哉
没後十年以上を経てますます注視されるドゥルーズ。哲学史的な文脈と思想的変遷を踏まえ、その豊かなイマージュと論理を読む。来るべき思想の羅針盤となる一冊。

832 わかりやすいはわかりにくい？ ――臨床哲学講座　鷲田清一
人はなぜわかりやすい論理に流され、思い通りにゆかず苛立つのか――常識とは異なる角度から哲学的に物事を見る方法をレッスンし、自らの言葉で考える力を養う。

866 日本語の哲学へ　長谷川三千子
言葉は、哲学の中身を方向づける働きを持っている。和辻哲郎の問いを糸口にパルメニデス、デカルト、ハイデッガーなどを参照し、「日本語の哲学」の可能性をさぐる。

ちくま新書

901
ギリシア哲学入門
岩田靖夫
「いかに生きるべきか」という問題は一個人の幸福から「正義」への問いとなり、共同体＝国家像の検討へつながる。ギリシア哲学を通してこの根源的なテーマに迫る。

907
正義論の名著
中山元
古代から現代まで「正義」は思想史上最大のテーマのひとつでありつづけている。プラトンからサンデルに至る主要な思想のエッセンスを網羅し今日の課題に応える。

922
ミシェル・フーコー
——近代を裏から読む
重田園江
社会の隅々にまで浸透した「権力」の成り立ちを問い、常識的なものの見方に根底から揺さぶりをかけるフーコー。その思想の魅力と強靭さをとらえる革命的入門書！

944
分析哲学講義
青山拓央
現代哲学の全領域に浸透した「分析哲学」。言語のはたらきの分析を通じて世界の仕組みを解き明かすその手法は切れ味抜群だ。哲学史上の優れた議論を素材に説く！

964
科学哲学講義
森田邦久
科学的知識の確実性が問われている今こそ、科学の正しさを支えるものは何かを、根源から問い直さねばならない！　気鋭の若手研究者による科学哲学入門書の決定版。

967
功利主義入門
——はじめての倫理学
児玉聡
「よりよい生き方のために常識やルールをきちんと考えなおす」技術としての倫理学において「功利主義」は最有力のツールである。自分で考える人のための入門書。

064
民俗学への招待
宮田登
なぜ私たちは正月に門松をたて雑煮を食べ、晴着を着るのだろうか。柳田国男、南方熊楠、折口信夫などの民俗学研究の成果を軸に、日本人の文化の深層と謎に迫る。

ちくま新書

085
日本人はなぜ無宗教なのか
阿満利麿
日本人には神仏とともに生きた長い伝統がある。それなのになぜ現代人は無宗教を標榜し、特定宗派を怖れるのだろうか？　あらためて宗教の意味を問いなおす。

1022
現代オカルトの根源
——霊性進化論の光と闇
大田俊寛
多様な奇想を展開する、現代オカルト。その根源には「霊性の進化」をめざす思想があった。19世紀の神智学から、オウム真理教・幸福の科学に至る系譜をたどる。

222
人はなぜ宗教を必要とするのか
阿満利麿
宗教なんてインチキだ、騙されるのは弱い人間だからだ——そんな誤解にひとつずつこたえ、「無宗教」から「信仰」へと踏みだす道すじを、わかりやすく語る。

390
グレートジャーニー〈カラー新書〉
——地球を這う① 南米～アラスカ篇
関野吉晴
アフリカに起源し南米に至る人類拡散五〇〇万年の経路を逆ルートで、自らの脚力と腕力だけで辿った探険家の壮大な旅を、カラー写真一二〇点と文章で再現する。

568
グレートジャーニー〈カラー新書〉
——地球を這う② ユーラシア～アフリカ篇
関野吉晴
人類拡散五〇〇万年の足跡を逆ルートで辿る、足掛け一〇年に及ぶ壮大な旅の記録。ユーラシア大陸を横断し、いよいよ誕生の地アフリカへ！　カラー写真一三〇点。

445
禅的生活
玄侑宗久
禅とは自由な精神だ！　禅語の数々を紹介しながら、言葉では届かない禅的思考の境地へ誘う。窮屈な日常に変化をもたらし、のびやかな自分に出会う禅入門の一冊。

615
現代語訳 般若心経
玄侑宗久
人はどうしたら苦しみから自由になれるのか。言葉や概念といった理知を超え、いのちの全体性を取り戻すための手引を、現代人の実感に寄り添って語る新訳決定版。

660
仏教と日本人
阿満利麿
日本の精神風土のもと、伝来した仏教はどのように変質し血肉化されたのか。日本人は仏教に出逢い何を学んだのか。文化の根底に流れる民族的心性を見定める試み。

744
宗教学の名著30
島薗進
哲学、歴史学、文学、社会学、心理学など多領域から宗教理解、理論の諸成果を取り上げ、現代における宗教的なものの意味を問う。深い人間理解へ誘うブックガイド。

886
親鸞
阿満利麿
親鸞が求め、手にした「信心」とはいかなるものか。時代の大転換期において、人間の真のあり様を見据え、新しい救済の物語を創出したこの人の思索の核心を示す。

918
法然入門
阿満利麿
私に誤りはなく、私の価値観は絶対だ――愚かな人間のための唯一の仏教とは。なぜ念仏一行なのか。日本史上最大の衝撃を宗教界にもたらした革命的思想を読みとく。

1002
理想だらけの戦時下日本
井上寿一
格差・右傾化・政治不信……戦時下の社会は現代に重なる。その時、日本人は何を考え、何を望んでいたのか？体制側と国民側、両面織り交ぜながら真実を描く。

1036
地図で読み解く日本の戦争
竹内正浩
地理情報は権力者が独占してきた。地図によって世界観が培われ、その精度が戦争の勝敗を分ける。歴史の転換点を地図に探り、血塗られたエピソードを発掘する！

457
昭和史の決定的瞬間
坂野潤治
日中戦争は軍国主義の後ではなく、改革の途中で始まった。生活改善の要求は、なぜ反戦の意思と結びつかなかったのか。日本の運命を変えた二年間の真相を追う。

ちくま新書

ちくま新書

929
心づくしの日本語
――和歌でよむ古代の思想
ツベタナ・クリステワ
過ぎ去った日本語は死んではいない。日本人の世界認識の根源には「歌を詠む」という営為がある。王朝文学の言葉を探り、心を重んじる日本語の叡知を甦らせる。

952
花の歳時記〈カラー新書〉
長谷川櫂
花を詠んだ俳句には古今に名句が数多い。その中から選りすぐりの約三百句に美しいカラー写真と流麗な鑑賞文を付し、作句のポイントを解説。散策にも必携の一冊。

969
女子・結婚・男選び
――あるいは〈選ばれ男子〉
高田里惠子
女子最大の問題、それはもちろん男選び。打算と尊敬と幻滅が錯綜する悲喜劇を近代文学を題材に読み解く。さあ、「女の子いかに生くべきか」。男子も女子も必読！

1007
歌舞伎のぐるりノート
中野翠
素敵にグロテスク。しつこく、あくどく、面白い。歌舞伎は〝劇的なるもの〟が凝縮された世界。その「劇的なるもの」を求めて、歌舞伎とその周辺をめぐるコラム集。

1030
枝雀らくごの舞台裏
小佐田定雄
爆発的な面白さで人気を博した桂枝雀の、座付作者による決定版ガイド。演出の変遷、ネタにまつわるエピソード、芸談、秘話を、音源映像ガイドとともに書き記す。

1037
現代のピアニスト30
――アリアと変奏
青澤隆明
グールド、ポリーニなど大御所から期待の若手まで、気鋭の若手音楽評論家が現代演奏史の中でとらえ直す。間違いなく新定番となるべきピアノ・ガイド。

779
現代美術のキーワード100
暮沢剛巳
時代の思潮や文化との関わりが深い現代美術の世界を、タテ軸（歴史）とヨコ軸（コンセプト）から縦横無尽に読み解く。アートを観る視点が100個増えるキーワード集。

ちくま新書

956
キリスト教の真実
――西洋近代をもたらした宗教思想
竹下節子
ギリシャ思想とキリスト教の関係を検討し、近代ヨーロッパが覚醒する歴史を辿る。キリスト教という合せ鏡をとおして、現代世界の設計思想を読み解く探究の書。

1034
大坂の非人
――乞食・四天王寺・転びキリシタン
塚田孝
「非人」の実態は、江戸時代の身分制だけでは捉えられない。町奉行所の御用を担っていたことなど意外な事実を明らかにし、近世身分制の常識を問い直す一冊。

936
神も仏も大好きな日本人
島田裕巳
日本人はなぜ、無宗教と思いこんでいるのか？ 神道と仏教がどのように融合し、分離されたか、その歴史をたどることで、日本人の隠された宗教観をあぶり出す。

783
日々是修行
――現代人のための仏教一〇〇話
佐々木閑
仏教の本質とは生き方を変えることだ。日々のいとなみの中で智慧の力を磨けば、人は苦しみから自由になれる。科学の時代に光を放つ初期仏教の合理的な考え方とは。

814
完全教祖マニュアル
架神恭介
辰巳一世
キリスト教、イスラム、仏教などの伝統宗教から現代日本の新興宗教まで古今東西の宗教を徹底的に分析。教義や組織の作り方、奇跡の起こし方などすべてがわかる！

864
歴史の中の『新約聖書』
加藤隆
『新約聖書』の複雑な性格を理解するには、その成立までの経緯を知る必要がある。一神教的伝統、イエスの意義、初期キリスト教の在り方までをおさえて読む入門書。

916
葬儀と日本人
――位牌の比較宗教史
菊地章太
葬儀の原型は古代中国でつくられた。以来二千数百年、儒教・道教・仏教が混淆し、「先祖を祀る」という感情に収斂していく。位牌と葬儀の歴史を辿り、死生観を考える。